U0623972

大学生职业生涯规划与创业教育研究

柯鑫鑫◎著

中国原子能出版社

图书在版编目 (CIP) 数据

大学生职业生涯规划与创业教育研究 / 柯鑫鑫著.
-- 北京：中国原子能出版社，2021.6（2023.1重印）

ISBN 978-7-5221-1477-4

Ⅰ.①大… Ⅱ.①柯… Ⅲ.①大学生—职业选择—研究②大学生—创业—研究 Ⅳ.① G647.38

中国版本图书馆 CIP 数据核字 (2021) 第 130291 号

大学生职业生涯规划与创业教育研究

出版发行	中国原子能出版社 (北京市海淀区阜成路 43 号 100048)
责任编辑	杨晓宇
责任印刷	赵　明
印　　刷	河北宝昌佳彩印刷有限公司
经　　销	全国新华书店
开　　本	787 * 1092　1/16
印　　张	13.625
字　　数	229 千字
版　　次	2021 年 6 月第 1 版
印　　次	2023 年 1 月第 2 次印刷
标准书号	ISBN 978-7-5221-1477-4
定　　价	76.00 元

网址 :http//www.aep.com.cn　　　　E-mail:atomep123@126.com

发行电话 :010 68452845　　　　　版权所有　翻印必究

内容简介

　　《大学生职业生涯规划与创业教育研究》是一本系统研究大学生职业生涯规划与大学生创业教育的专著。本书在阐述职业生涯规划含义、意义、原则、方法等理论的基础上，从职业选择、职业发展、职业生涯阶段管理等方面对大学生职业生涯规划进行了详细解析，指出了大学生职业生涯管理中容易出现的问题及对策。同时，本书还梳理了大学生创业教育的发展脉络，并针对大学生创业教育现状，提出了相应的解决策略，旨在为提高我国高校职业生涯规划与创业教育水平提供理论上的指导。

作者简介

柯鑫鑫，女，硕士研究生，湖北工业大学工程技术学院职业核心能力教研室专职教师，主要研究方向大学生创新创业教育、大学生职业生涯规划，主持、参与多项省级、院级课题，取得2项实用新型专利，申报1项发明专利，多次指导学生参加省级"挑战杯"课外科技作品竞赛、学创杯全国大学生创业综合模拟大赛，并获得学创杯"最佳指导教师"荣誉称号。

目　录

第一章　职业生涯规划概论

第一节　职业生涯规划的含义与意义

一、职业生涯规划的含义

（一）职业的含义

"职业"这个词在生活中有许多不同的含义。如果从社会学和经济学的角度来认识，职业是指人们在社会生活中所从事的以获得物质报酬作为自己主要生活来源并能满足自己精神需求的、在社会分工中具有专门技能的工作。

1. 职业的构成要素

（1）职业名称：以社会的通用称谓来命名。

（2）职业主体：从事一定的社会分工活动，具有承担该职业活动资格和能力的劳动者。

（3）职业客体：职业活动的工作对象、内容、劳动方式和场所等。

（4）职业报酬：职业活动所取得的各种报酬。

（5）职业技术：劳动者从事职业活动所运用的自然技术、社会知识与思维方法的总和。

2. 职业特性

（1）社会性：职业是个体进入社会生活中获得的社会位置和劳动角色，是从事某一专门工作和活动的社会分工。

（2）经济性：劳动者从事某项社会职业工作，必定获取一定报酬，并得到满足。

（3）技术性：任何一个职业都有职责要求和专业技术要求。

"职业"与"职位""工作"的含义在理论上存在着一定程度的争议。大致来说，职位是与分配给个人的一系列具体任务直接相关的，因此，职位和参与工作的个人相对应，有多少参与工作的个人，就有多少个职位；工作是由一系列相似的职位所组成的一个特定的专业领域；而职业是在不同的专业领域中一系列相似的服务。例如，小王在某中学做语文教师。那么，某中学的一名语文教师是小王的职位，在中学做教师是小王的工作，教师则是小王的职业。

（二）生涯的含义

如果单从字面上解释，"生"意为活着，"涯"意为边际，连起来则是"一生"的意思。学者们对"生涯"有不同的解释，但基本上都包含了"一个人从事一项事业或活动的经历"的内容。美国生涯理论研究者舒伯认为，生涯是生活中各种事件的演进方向和历程，它综合了个人一生中各种职业和生活角色，由此表现出个人独特的发展形态。这一定义为大多数学者所接受。

"生涯"的发展是以个人为中心的，只有个人在寻求它的时候，它才存在。根据舒伯的观点，生涯作为一个人终其一生所扮演角色的整个过程，由三个层面构成：时间，即个人的年龄或生命的过程，又分为成长、试探、建立、维持、衰退等时期；经历，即每个人一生所扮演的各种不同角色；个人角色，即个人对角色投入的程度。从舒伯的定义中可以看出，"生涯"具有以下几个特征。

1. 终身性

生涯贯穿人的一生，是一个连续不断的发展过程。

2. 独特性

世界上没有完全相同的两片叶子。生涯体现了一种精神追求，是个人依据其理想展开的独特生命过程。每个人都有只属于自己的那一段历程，也许会和别人相似，但绝不会相同。

3. 发展性

生涯是一个发展的过程。人生的每个阶段都会有不同的追求。这些追求促使个体不断地成长。

4.综合性

生涯是多方位角色的发展过程，它以个体事业角色发展为主，还包含了学生、子女、父母等各个层面的各种角色。

（三）职业生涯的含义

舒伯认为，职业生涯包括个人一生中的各种职业和生活角色。按舒伯的定义，职业生涯包括一个人自青春期至退休所有有酬或无酬职位的综合，除了职位之外还包括与工作有关的各种角色。

霍尔认为，职业生涯是指一个人终其一生，伴随与工作或职业有关的经验和活动。

职业生涯是指个体职业发展的历程，一般是指一个人终生经历的所有职业发展的整个历程。它包括以下四方面的含义。

（1）职业生涯只是表示一个人一生中在各种职业岗位上所度过的整个经历。它是对此经历的一种客观叙述，没有成功、失败以及进步快慢的含义。

（2）职业生涯包含一个人所有的工作、职业、职位的外在变更和对工作态度、体验的内在变更。内在变更是外在变更的动因，外在变更是内在变更的结果。

（3）职业生涯是一种过程，该历程可以是间断的，也可以是连续的。

（4）职业生涯受各方面因素的影响。如家庭的理解和支持、组织的需要和计划、社会环境的变化等。

因此，科学地将职业生涯划分为不同的阶段，明确每个阶段的特征和任务，做好规划，对更好地从事自己的职业，实现确立的人生目标，非常重要。

（四）职业生涯规划的含义

职业生涯规划亦称职业生涯计划，包括个人和组织的职业生涯设计两方面。职业生涯规划是指结合自身条件和现实环境，确立自己的职业目标，选择职业道路，制订相应的培训、教育和工作计划，并按照生涯发展的阶段实施具体行动以达到目标的过程。

个人的职业生涯设计主要体现在制订职业生涯计划、职业生涯发展和对实现这些目标的时间和步骤的合理安排上，又可以分为择业和就业。良好的职业生涯规划包括以下特征。

1. 可行性

这是从职业目标来说的，这个目标最好是"跳一跳，够得到"的。不用"跳"就得到，激发不起个人追求向上的内在动力；反之，怎么"跳"都够不到，则说明此目标不切实际，有空想之嫌。确定职业目标应该以主客观的实际为基础，以免耽误职业生涯发展的良机。

2. 时效性

所有复杂的事情都是由简单的事情组成的。职业生涯规划要有具体可行的步骤和完成各个步骤的时间。这样做起来才不至于盲目，也有利于事后检查计划的实施情况和效果。

3. 适应性

事物是不断发展的。一年前制订的职业发展计划，一年后可能会因种种因素而产生变化。有些计划需要我们克服困难，坚持到底；但有些计划则因脱离实际必须调整。所以，职业生涯规划要与时俱进、注意调整，以增加其可行性。

4. 持续性

职业生涯规划是贯穿整个职业生涯各个不同发展阶段的，因此必须具有连贯性和持续性。

二、职业生涯规划的意义

如何看待职业生涯规划，决定了个人能否有效缓解职业压力，从而不断得到成长，并持续获得成功。实际上，一个人职业生涯的过程就像是画圆，我们的一生就是在画这个职业生涯之"圆"，直到退休。我们知道，画一个标准的圆必须同时具备两个条件，一个是圆心，一个是半径，只有这两个条件同时具备，画圆才成为可能。职业生涯的规划也是如此，必须先确立职业目标，然后在此基础上不断提升自己的能力和技能水平，使职业生涯得到持续发展。也就是说，我们的职业生涯就是一个确立"圆心"（职业目标），延长"半径"（知识、经验、技能）的过程。

职业生涯规划的第一步是确立自己的职业目标。"圆心"与"半径"相比较，"圆心"显得更为重要。因为，无论"半径"有多长，如果没有"圆心"这个支点，那永远也无法画成一个圆。如果"圆心"不固定，经常忽左忽右、摇摆不定的话，则必然导致画的圆不规则，出现很多的重合和交叉。具体到职业生涯设计上，典型的表现就是频繁更换工作，而各种工作之间缺乏紧密联系，使职业生涯始终在低层次徘徊。

在职业目标一定的基础上，规划职业生涯所要做的另外一个工作，就是不断延长"圆"的"半径"。延长"半径"就是要不断扩大专业知识面，提高专业技能，积累更多有用的经验，使自己的职业获得延伸和拓展，在组织内部成为专家，在组织之外扩大知名度，不断提升自己的市场价值。

无数事实证明，真正有意义的人生往往是从确定职业方向、确定人生目标的那一天才开始的。同样地，成功的人和不成功的人就差一点点，成功的人可以无数次修改方法，但绝不轻易放弃目标，而不成功的人总改目标，就是不改方法。美国的成功学大师安东尼曾提出过成功的万能公式：

成功 = 明确目标 + 详细计划 + 马上行动 + 检查修正 + 坚持到底

由此可以看出计划对于成功的重要性。具体来说，职业生涯规划有以下几方面意义。

（1）开发个人智力，提高职业素质

对许多人来说，制订和实现规划就像一场比赛。随着时间推移，你一步一步地实现着规划，你的思维方式和工作方式也会渐渐改变，日趋职业化，这是一个潜移默化的过程。由于有着明确的目标，个人便会时时注意学习，总结经验，吸取教训，不断开发个人智力，提高职业素质。

（2）做好就业准备，提高职业竞争力

凡事预则立，不预则废。树立明确的职业发展目标与职业理想，对自己的优势与劣势进行分析，了解个人素质与职业要求之间的差距，将有利于个人运用科学的方法，采取可行的步骤与措施，取长补短，做好就业准备，增强个人的职业竞争力，实现个人职业目标与理想。

（3）规避职场风险，促进事业成功

良好的职业生涯规划将引导人们进行与实际相结合的职业定位，搜索或发现新的或有潜力的职业机会，从而规避职场上的一些风险，促进事业成功。

（4）适才适用，人尽其才

一份行之有效的职业生涯规划将会引导人们正确认识自身的个性特质、现有与潜在的资源优势，帮助人们对自己的价值进行重新定位并使其持续增值，从而避免病急乱投医，盲目择业，做到适才适用，人尽其才。

未来的不确定性、各种挑战、职场的竞争，迫使每一位渴望成功的人进行思考，计议未来。做好职业生涯规划是职业发展的第一步。

第二节　职业生涯规划的原则与方法

一、职业生涯规划的原则

原则是说话或行事所依据的法则或标准，是指导行为的理论依据。职业生涯规划要发挥最大效用，必须考虑并制定以下原则。

（一）全程性原则

职业生涯发展应当融入人生发展的整个历程。对职业生涯的规划，不应该是阶段性的、短期的，而应当是整个职业发展的全过程。这包含职业生涯目标的确定、措施的实施及目标实现的全过程。

（二）差异性原则

职业生涯规划应当具有明显的个性化特征。每个人的兴趣爱好、学习能力、所处的环境以及机遇都不同。在进行职业生涯设计时要充分考虑企业、个体和环境三方面的差异性因素。掌握好差异性原则，有利于体现职业生涯规划个性化和有针对性的特征。

（三）适时性原则

适时性是指在进行职业生涯规划时，要充分考虑职业发展的阶段性和时限性。个体所处的不同发展阶段，有不同的目的、任务，必须有步骤、有计划地调整和安排各个不同阶段的职业生涯计划。职业生涯设计的阶段性时限主要划分为短期、中期和长期3个阶段。短期计划一般为3年，中期计划一般为5年，长期计划一般为 5 ~ 10 年。

（四）发展性原则

在制定和实施职业生涯的具体措施时，要充分考虑变化与发展因素，确定目标或措施是否应根据环境及个体的变化发展而做相应调整，以及调整的幅度与范围。

二、职业生涯规划的方法

（一）职业生涯规划的一般步骤

职业生涯规划必须结合主客观两方面的情况，充分认识自我和社会工作环境，同时在执行的过程中不断进行重新设计和修订，以适应实际发展的需要。概括起来，就是"知己知彼，百战不殆"。具体来说，一份完整的职业生涯规划，包括以下五个步骤。

1. 自我认知

自我认知关键是了解自己的职业技术和职业兴趣。这实际是一个"知己"的过程，看自己的价值观、兴趣、能力、个性等，以及父母的期望、学校与社会教育对个人产生的影响等，从而明确自己的职业特质与最佳职业方向。

2. 职业认知

职业认知即"知彼"，考察客观环境，了解职业分类、职业性质及具体工作岗位的情况。通过探索外在的劳动市场，特别是与生涯发展有关的工作世界，尽可能多地掌握与有关职业相关的信息。

3. 目标拟定

目标拟定即根据自己的特点和现实条件，考虑自己职业生涯的前景，确定切合实际的目标，指导行动。

4. 规划执行

行动是极其重要的一个环节，即使前面的所有工作都做得很好，但如果没有行动，这些规划只不过是空中楼阁而已。实现目标的途径有很多，大学生应制定具体的实施步骤，切实有效地执行规划。

5. 评估和修订

由于影响职业生涯规划的因素很多，包括个人的、社会的、环境的等，并且有的因素是无法预测的，所以应时刻关注环境的变化，不断对职业生涯规划进行有成效的评估与修订。

（二）个人职业生涯规划的方法

由于个体差异因素的影响，在个人职业生涯规划方法的选择上，难以找到一种通用的范式。但是根据职业生涯规划的原则和一般步骤，可以找到一些共性的方法。一般来说，个人职业生涯规划的方法主要有以下几种。

1. 自行设计法

自行设计法即根据各种职业生涯设计读物所展示的方法，进行自我测定、自我评价，从而把握职业方向。这可以说是最重要的也是最常用的方法。较常用的测评工具有以下几种。

（1）性格自我测试

俗话说，性格决定命运。性格是人个性中最具有核心意义的成分。就具体职业而言，能力不足可以培训，而性格不匹配却很难改变。例如，让一个内向型性格的人去做推销员、记者、律师等与性格不符的工作就难以获得成功。

（2）能力测试

主要有分析能力测试、行动能力测试、管理能力测试、经营能力测试和其他特殊能力测试等。

（3）职业素质测试

主要有工作动机测试、职业适宜性测试、职业选择测试、职业方向测试等。通过测试，可以了解自己的优势，并从事相应的工作。

2. 职业咨询预测法

在美国的大学、高中里，一般由咨询中心的咨询专家对被测人的职业前途进行预测，并就大学生、高中生的择业方向提出建议。这种方法应用很广，并且在企业选拔中层经理时也会使用。主要测评工具有以下几种。

（1）能力倾向测验

能力倾向测验包括普通能力倾向测验、特殊能力倾向测验、多因素能力倾向测验。能力倾向测验显示的分数可以预测被测人未来在工作上的成功表现。

（2）职业兴趣测验

职业兴趣测验可以帮助个人明确自己喜欢在什么样的环境下工作。

（3）人格测验

人格测验主要帮助个体明确职业与工作岗位是否与个人的人格特质相符合。

（4）价值问卷

价值问卷主要帮助个体明确对工作以及生涯选择有关价值的看法。

（5）生涯成熟问卷

生涯成熟问卷旨在为人们提供一个了解自我生涯发展状况，评估其中的不足，以便有针对性地进行调整的有效性参考。

3. 评价中心法

这种方法在发达国家被广泛使用。其目的是为组织选拔最合适和最出色的高层领导人，但这种选拔必须基于个人条件、发展潜力、职业生涯的发展和必要的培训。把最符合条件的后备人选送到高层职业位置上，本身就是一种职业设计与塑造过程。

4. 生活计划或生命计划

这是更长期和完整的职业生涯规划。它主要包括以下七个步骤：①明确自己的终身计划与职业意向；②进行职业生涯选择的分析与决策；③进行自我评价和对成功风险的分析；④为新的抉择做准备，了解成功的途径；⑤为谋求新职业而努力，提高能力素质；⑥了解职业发展的行动战略，自己谋得预定职业并探究和掌握在该职业生存的秘诀，遵从该职业的规范，争取获得成功；⑦跟踪和再评价。

第三节　职业生涯规划的相关理论

职业生涯规划研究始于 20 世纪 60 年代，90 年代中期从欧美国家传入中国。经过半个世纪的发展，西方学者已经建立起了一系列的职业生涯规划理论。目前主要的理论有：帕森斯的人职匹配理论，霍兰德的职业兴趣理论，明尼苏达的人格－工作适应理论，舒伯的生涯发展阶段理论，彼得森、辛普森和利尔敦的认知信息加工理论以及施恩的职业锚理论。正是由于这些理论的研究和发展，使得职业生涯规划成为一个重要的研究领域，也使得职业生涯教育有了科学依据。

一、帕森斯的人职匹配理论

（一）理论背景

人职匹配理论，又被称为"特质－因素"理论，是最早期的职业生涯辅导经典理论。该理论由美国波士顿大学被人们誉为"职业辅导之父"的帕森斯教授提出，旨在帮助学生寻求个人特性与职业需求的最佳匹配。它能够在工作和劳动力之间寻求较高的匹配度，使最合适的人承担合适的职业，充分发挥个体作用，最大程度地提高工作效率，以达到职业指导所追求的目标。其理论内涵是在清楚认识、了解个人的主观条件和社会职业岗位需求的基础上，将自我认知与社会职业岗位相对照、相匹配，而在这两者达到最佳匹配程度时，就是一个明智的职业生涯决策。

（二）主要观点

1909 年，帕森斯在其所著的《选择一个职业》一书中首次提出了个人特性与职业相匹配是职业选择重点的观点。他认为，每个人都有自己独特的人格模式，每种人格模式都有与其相适应的职业类型。所谓"特质"，是指个人的人格特性，包括能力倾向、兴趣、价值观和人格等，这些都可以通过心理测量工具来加以评量。所谓"因素"是指在工作上要取得成功所必须具备的条件或资格，这可以通过对工作的分析而了解。

人职匹配理论的核心是寻求人与职业之间的匹配，其理论前提是：职业都会对从业者有要求，每个人都有一系列能够进行客观测量的独特特性，而这种独特特性又与特定的职业相关联。职业规划就是要解决人的特性与职业因素相适应的问题，以达到合理匹配。因此，为了取得成功，不同职业需要配备具有不同个性特征的人员，当个人特性与所从事的工作的要求之间的匹配度越高，职业成功的概率就越高。因此，组织在使用员工时，应该充分考虑其与岗位的匹配度。要解决好匹配度问题，理论上应该经历三个步骤：自我认知、职业分析和人职匹配。

第一步：自我认知。通过心理测量及其他测评，清楚地获得自我认知，包括自己的身体状况、能力倾向、兴趣爱好、气质与性格、特长、态度、资质、能力、智谋、价值观和局限等方面的职业特征，并通过会谈、调查等方法获得求职者的家庭背景、学业成绩和工作经历等相关信息，且对这些资料进行评价。

第二步：职业分析。深入分析各种职业对人的要求以及可以提供的发展平台和机会（因素），包括职业要求，职业能力，职业环境，职业发展的方向、机会和前途及职业优势、劣势等职业岗位条件。

第三步：人职匹配。求职者在对个体特性与因素有了充分了解的基础上，将自我特征与职业岗位条件相对照，以达到个人特性与职业需求的最佳匹配的目的。

（三）应用

影响个体职业选择的因素主要有三个：一是通过心理测试等专业方式，清楚地了解自己的态度、资质、能力、职业兴趣、特长、爱好、智谋、价值观、局限和其他职业特征。二是清楚地了解和深入分析职业选择成功所需的职业要求，职业能力，职业环境，职业发展的方向、机会和前途及职业优势、劣势等条件。三是在对特质与因素有了充分了解的基础上，将自我职业特征与职业岗位条件相对照、相协调与匹配，以职业咨询的方式达到人职匹配的目的。而人职匹配主要分为两种类型：①因素匹配（职业找人）是指个人所掌握的知识和具备的能力能够满足职位的要求。诸如，需要有较强专门技术和专业知识的飞行员、药剂师等职业与掌握该种技能和专业知识的择业者相匹配；或脏、累、苦、劳动条件很差的工地建筑者、环卫工人等职业需要能够吃苦耐劳、体格健壮的劳动者与之匹配。②特质匹配（人找职业）则更强调个人的性格、兴趣等与某种职业要求相符合。诸如，具有独立、创造精神等人格特性的人适合从事科研工作；富有想象力、理想化、情感丰富、个性强等人格特性的人适合从事艺术创作类型的工作；具有原则性强、一丝不苟等人格特性的人适合从事法律、人事、财务、调查等工作。

（四）评价

人职匹配理论是职业指导领域中创立较早也最具影响力的理论，在产生后的三、四十年间，主导着美国的职业指导和职业教育。该理论在美国普通中学最为盛行，在日本、英国、加拿大也广为流行。近些年，我国的职业指导实践也多以其作为理论基础。直至 20 世纪 50 年代，舒伯的生涯发展阶段理论兴起，其主导理论地位才逐渐被取代。

人职匹配理论的优点主要在于辅导方法十分具体，易于学习和操作；注重心理测量工具的运用，对心理测量的发展和应用起到了极大的推动作用；协助学生根据测试结果做出未来规划，从而避免学生在职业选择和计划制定过程中的盲目性，也避免了职业指导过程中的盲目性。

人职匹配理论的缺陷是过于依赖心理测量技术，测量工具本身存在信度与效度问题，心理测验并不能完全准确地反映求职者的心理特征；机械地强调个人特质与职业的匹配，而忽略了现实情况中社会环境、家庭背景、受教育程度、种族和性别等因素对个体做出职业选择的影响；强调理性的适配，忽略了个人情感等因素在职业决策中的影响作用；忽略了职业选择的双向性，将其理解为个体单向选择的过程；忽略了个人与环境的相互作用。

二、霍兰德的职业兴趣理论

（一）理论背景

继帕森斯之后，20 世纪 60 年代，美国心理学教授、著名的职业指导专家约翰·霍兰德在人职匹配理论研究的基础上，创立和发展了具有广泛社会影响的职业兴趣理论。霍兰德的理论源于人格心理学的概念和大量职业咨询的实践研究。一方面，该理论诠释和完善了人格心理学的重要概念，从整个人格角度考察职业选择的问题，认为职业选择是对个人人格的反映和延伸；另一方面，该理论也是霍兰德本人多年职业指导和职业咨询实践经验的结晶。

（二）主要观点

霍兰德认为，一个人做出职业选择的依据就是寻找那些能够满足他需求的成长环境，对自己的工作环境知道得越多，个体就越容易做出正确的职业选择。职业的选择应该是慎重的，它反映了这个人的动机、知识、个性和能力。职业代表了一种生活方式，它是一种环境而不是一系列相互孤立的工作项目和技能。一种职业不仅意味着要有某种特定的形象——社会角色，而且还意味着要有某种特殊的生存方式。从这层意义上来讲，一种职业的选择代表一系列的信息：某人的工作动机、对职业的看法，以及对自身能力的认识。简单来说，专门的职业选择思考虽然不全面，但对于人们做出正确的选择来说确实是有益的。

霍兰德的主要观点是，职业生涯规划是个体的人格特质等在职业生活中的反映和延伸。由于同一类型的职业通常会吸引具有相同人格特质的人，他们对许多情景和问题会有类似的反应，他们创造了具有某一特色的职业氛围，即职业工作环境。这种职业工作环境具有特定的价值观念、态度倾向和行为模式。在同等条件下，人和环境的适配性或一致性将会增加个体的职业稳定性、工作满意度和职业成就感。具有某种人格特征的人与具有相似特征的职业的匹配度最高，个体的人格与环境之间的匹配是职业满意度、职业稳定度和职业成就度的基础。

霍兰德将人格划分为六个类型：现实型（又称实际型、实用型）、研究型（又称调研型）、艺术型、社会型、企业型（又称事业型）和传统型（又称常规型、事务型）。将职业也区分为六个对应的类型，并将每一种特定的人格类型和职业类型一一对照，以求达到人格类型和职业类型的高度匹配。

霍兰德职业兴趣理论的实质在于劳动者职业兴趣与职业类型相互匹配。为此，霍兰德还设计了一个平面六角形模型清晰直观地阐明这一问题。这个图的六个角分别代表六种职业类型和六种劳动者类型。每种类型的劳动者（职业）与六种类型的职业（劳动者）相关联，在图形上以连线表示，图中连线间的距离代表职业类型和劳动者的个性特征间的相关性。霍兰德认为，现实中的多数人实际上都具有两种以上的人格个性，比如，一个人很可能同时包含着社会性向、实际性向和研究性向。最为理想的职业选择就是个体能找到与其个性类型重合的职业类型，即人职匹配协调，这时个人才最可能充分发挥自己的才能并具有较高的工作满意度。如果个人不能获得与其个性类型相重合的职业类型，则寻找与其个性类型相近的职业类型，由于两种类型之间有较高的相关系数，个人经过努力和自我调整也能适应职业情境，达到人职匹配协调。最差的职业选择是个人在与其个性类型相斥的职业环境中工作，在这种情况下，个人很难适应工作，是人职不协调的匹配方式。图中两点间连线距离越短，表明两种类型的人与职业的相关系数就越大，其相适应程度就越高。若连线距离为0，劳动者类型与职业类型高度相关，统一在一个点上（即图中六个角端所示），表明某种类型劳动者从事相应类型职业，或者某类型职业由相应类型劳动者来从事,在此种情况下,人职配置最相适宜,是最好的职业选择。例如,C传统型分别与R现实型和E企业型、A艺术型分别与I研究型和S社会型,它们之间的连线短,人职相互适应程度高。连线距离越长,表明两种类型的人与职业的相关系数越小,其相互适应程度就越低。例如C传统型与A艺术型、I研究型与E企业型、R现实型与S社会型之间的连线最长,人职相互适应程度最低。

霍兰德人格六角形模型图还显示,每种类型与其他类型之间的连线共有三种关系,分别代表着相近、中性和相斥。

(1)相近。即职业环境与人格类型间的相关性最大,如R现实型与C传统型、R现实型与I研究型之间。霍兰德在实验中发现,尽管大多数人的人格类型可以归为某一类型,但每个人又有广泛的适应能力,其人格类型在某种程度上相近于另外两种人格类型,因此也能适应另外两种人格类型的工作。

(2)中性。即职业环境与人格类型之间的相关性次之,如R现实型与A艺术型、R现实型与E企业型之间,既有一致性又有不同性,但还不是完全相斥。

(3)相斥。即职业环境与人格类型间的相关性最小,如R现实型与S社会型、A艺术型与C传统型、I研究型与E企业型之间就是如此。个人如果选择与其人格类型相互排斥的职业环境,就可能很难适应甚至无法适应工作。

(三)应用

(1)为正确认识个人的人格类型,霍兰德先后编制了职业偏好量表和自我探索量表两种职业兴趣量表。这两种测量表至今仍被作为许多组织和个人进行职业选择的首选工具。

(2)为考察人和环境之间的匹配性,霍兰德还设计了一个名为自我定向的问卷来测试个人的类型模式。

(3)霍兰德设计与开发了一系列职业兴趣测量工具(职业偏好量表,VRI)、人格类型测量工具(自我探索量表,SDS)和北森职业兴趣测评等作为个人进行自我探索的有效工具。这些测量工具可以帮助人们更加准确地判断自己的人格类型和职业需求。

(4)霍兰德于1996年出版了美国版《霍兰德职业代码词典》,该书为

12 000 多种职业提供了代码。根据自己在兴趣测评中得出的霍兰德代码，来询者就可以对照《霍兰德职业代码词典》找出可能适合自己的职业。学生则可以以霍兰德编制的《科系指引》找出相关的科系。

（四）评价

霍兰德职业兴趣理论的优点主要在于理论体系较为完整、清晰、易懂，便于操作；职业兴趣量表操作方便，在职业生涯辅导实践中被广泛应用，实用性强；重视个人特质与工作环境的配合，利于并引导来询者主动积极地进行职业生涯探索；扩大了人的职业选择范围，激发了众多的理论研究工作，是所有职业生涯辅导理论中被研究得最多的理论；职业兴趣理论对于个人的升学和就业具有重要的指导作用，已成为众多职业咨询机构的重要工具；职业兴趣理论可以帮助做好职业选择和职业设计，从整体上认识和发展自己的职业能力，避免职业选择中的盲目行为。

该理论的缺陷主要是仍然具有人职匹配理论的色彩，因而受到批评；将职业兴趣作为个人稳定的人格特质来看，忽略了个人成长发展和学习经验的重要性；仅仅考虑了个体职业性格与工作环境的匹配，而忽视了个体需求、外界环境等综合因素对职业选择的影响，缺乏动态性。

三、明尼苏达的人格—工作适应理论

（一）理论背景

美国学者戴维斯与罗圭斯特等人于 1964 年创立了明尼苏达工作适应理论，该理论起源于一项在美国明尼苏达大学进行的旨在探索如何帮助残障人士适应工作的研究，经过数十年的发展成为强调人境符合的适应论（PEC）。该理论强调人和职业可以相互适应，所以人可以改变工作的方式，但同时人的行为方式也将受到工作的影响。明尼苏达人格—工作适应理论主要强调的是就业后的适应问题，认为人和工作就是在不断调试与相互适应中达到相对理想状态的。

（二）主要观点

人格—工作适应理论，简单来说就是只有当工作环境能满足个人的需求（内

在满意），个人也能满足工作的技能要求（外在满意）时，个人在该工作领域才能得到持久发展。

该理论认为，选择职业固然重要，但就业后的适应问题更值得注意，尤其对有障碍者而言，在工作上能否持续稳定，对其生活、信心与未来发展都是重要的课题。戴维斯等人认为，每个人都会努力寻求个人与环境之间的一致性，而工作适应就是指个人为了能维持此一致性所做的努力，以在同职位上的工作持久程度为衡量指标。当工作环境能满足个人的需求（即给予个人"内在满意"），而个人亦能够满足工作的技能要求（即达到"外在满意"）时，个人与环境的一致性就较高。但由于个人与环境都是动态发展的，相互之间会产生影响，因此，人境之间的关系并不是一成不变的。随着时间的推移，个人的需求会改变，工作的要求也会变化调整。如果个人或雇主能努力创造并维持这种人境之间的协调关系，则个人的工作满意度和雇主对其员工的满意程度就会提高，个人在该工作领域也越能持久地发展。

（三）应用

（1）戴维斯与罗圭斯特编制了一系列的量表来对个人的人格特质和工作环境进行评量。他们认为个人的心理需求主要反映在其价值观上，因此编制了明尼苏达重要性问卷来加以评量，并以明尼苏达能力测试和明尼苏达满意度问卷对个人的技能及其内在满意程度进行评估。至于工作环境所提供的强化系统（是否能强化个人的心理需求）及职业的技能要求，则分别使用职业强化模式量表、职业能力倾向模式量表来进行分析，并通过明尼苏达满意指标量表对机构对于员工的外在满意程度进行评估。将这两组测量工具的结果一一对应，就可以对人境之间的一致性和个人的工作适应程度进行评估和分析。

（2）在辅导规划实践和辅导工作方面，人格—工作适应理论所提供的概念对各类就业问题及不同的辅导对象均有其应用价值，以对象而言，已就业者、未就业者、考虑转业者、退休人员、残障人士和复健者等，均可以前述评量工具增进当事人对自我及环境的探索。

（3）目标是基于人与环境匹配的最佳职业选择，对于不匹配的调整，技能训练方法包含职业探索、决策制定、适应训练。

（四）评价

该理论为研究个人的工作满意度及工作适应问题提供了一个比较完整而系统的理论框架，其"内在满意"和"外在满意"概念，对于就业适应问题具有重要的指导意义；它从不同的角度（价值观与能力）讨论指标，是对帕森斯人职匹配理论和霍兰德职业兴趣理论的补充；它还为生涯辅导提供了具体的测量工具与探讨的具体结构，这对各类人群的生涯辅导及相关培训都有相当高的价值。

四、舒伯的生涯发展阶段理论

（一）理论背景

美国职业管理学家舒伯是职业生涯阶段规划理论最具代表性和权威性的学者之一，他于1953年在《美国心理学家》上发表文章，提出了"生涯"的概念。舒伯把生涯的发展看成是一个持续渐进的过程，围绕职业生涯的不同时期进行人生生涯的分析；他认为人的职业选择不是一次完成的，而是随着个体成长及社会影响而不断发展变化的。这构成了他的职业生涯发展理论。这一理论将个人特征与职业匹配的动态过程，并将制约个人职业选择和发展的心理因素、社会因素有机地结合在一起，对职业生涯发展的研究具有较高的理论价值和实践价值。随后，舒伯对原有理论进行丰富和发展，受马斯洛的需要层次理论影响，舒伯认为，人生的整体发展是由时间、领域和投入程度决定的，即职业生涯包括时间、领域和投入程度三个层面。个体应关注职业以外的角色需要，同时应关注生涯过程中职前与职后的阶段。根据人一生不同阶段所扮演的角色，舒伯描绘出个人多重角色发展的综合图形，并将其命名为"生涯彩虹图"。职业生涯的领域或者范围层面，是指一个人终生所扮演的各种不同角色，如儿童、学生、公民、休闲者、工作者或者持家者等。

（二）主要观点

"自我概念"是舒伯理论中的核心概念。所谓"自我概念"，是指个人对自己的兴趣、能力、价值观及人格特征等方面的认识和主观评价。舒伯强调个体的职业选择是一个不断进化发展的历程，既不是发生在某一时间点上的事件，也不是单一无关联的事件；生涯发展即自我实现的过程，它以人类的发展阶段为基础，按人的年龄和生命历程将个体的生涯发展阶段划分为成长、探索、创立、维持和衰退五个阶段，每个阶段都有特定的发展任务需要完成，且前一阶段发展任务的达成与否关系到后一阶段的发展。原有的已经适应的习惯会逐渐衰退，继而对新阶段的任务又要进行成长、探索、建立、维持与衰退的周而复始的过程。在每一个阶段中，都必须完成此阶段的发展任务以便能够进入下一个阶段。每个阶段都有其独特的职责和角色及不同的发展任务。

第一阶段：成长阶段（0～14岁）。该阶段包括四个主要任务：关心未来；增加对自己生活的控制；在学校和工作中取得成绩；获得胜任工作的习惯和态度。在该阶段末期，个人会越来越意识到和关心长远的未来。成长阶段属于认知阶段，个人的自我概念会发展成熟起来，学会以各种不同的方式来表达自己的需要。这个阶段共包括三个时期：一是空想期（4～10岁），它以"需要"为主要参考因素，这个时期角色扮演很重要；二是兴趣期（11～12岁），它以"喜好"为主要考虑因素，"喜好"决定个体的抱负和活动；三是能力期（13～14岁），它以"能力"为主要考虑因素，个体能力逐渐成为活动的推动力。

第二阶段：探索阶段（15～24岁）。这个阶段主要是个体发掘自身职业兴趣和开展角色扮演活动，试着探索今后职业发展的方向。在这个过程中个人在学校学习、生活、社团活动和社会实践中进行自我考察、角色坚定和职业探索，完成择业及初步就业。这个阶段也包括三个时期：试探期、过渡期和尝试期。试探期处于15～17岁，这一时期，会考虑自己的需求、兴趣、能力、价值和机会，并在幻想、讨论、学业和工作中做试探性选择。过渡期处于18～21岁，这是个人着重考虑现实，并结合需要、兴趣、能力等，将一般性的选择转为特定的选择，在现实或环境中寻找自我实现的时期。尝试期处于22～24岁，在这个时期，验证并初步确定职业选择成为长期职业的可能性，如果不适合则进行调整，选择新的职业方向。在此阶段后个体步入职业生涯发展的"实验期"，选择适合的职业发展领域，开始确定自我的职业起点，并且试图将此作为终生的职业目标而奋斗。由于每个人的职业兴趣、工作内容、技能发展等偏好不一样，这些偏好与职业选择和工作目标可能发生变化，因此在"实验期"内一些员工个体可能会变换工作。

第三阶段：建立阶段（25～44岁）。由于经过上一阶段的尝试，个体开始确定自己在整个职业生涯中属于自己的位置，所以这个阶段的主要任务是进行自我与职业的结合，获取一个真正适合自己的工作领域，努力使其成为自己最适合的领域，并谋求发展。该阶段的任务包括工作的稳定、巩固和提升。这个阶段又可以分为两个时期：一是尝试期（25～30岁），寻求安定的工作，如果工作不满意则力求调整。二是稳定期（31～44岁），致力于工作上的稳定，大部分人处于最具活力的时期，是实现个体的职业目标的关键阶段。

第四阶段：维持阶段（45～64岁）。到了这一阶段，人们通常已经拥有了一定的事业成就和社会地位，个体仍希望继续保持属于自己的位置，同时又要面对新人的挑战。所以在此阶段人们想方设法开发新的技能，尽可能地维护和巩固自己已有的成就和地位。该阶段的任务包括保持一个人已经取得的成绩、更新知识和技能、创新做事的方法或发现新的挑战。然而，个体也可能在此时重新选择职业，从而改变自我的职业生涯发展轨迹。有些人亦由此步入专业知识和工作能力停滞的"事业高原"阶段，逐渐进入职业生涯的衰退阶段。

第五阶段：衰退阶段（65岁及以上）。在这一阶段人的身体、心理和能力等各方面的素质都在慢慢衰退，个人也会逐渐退出职业舞台，开发更广泛的社会角色，寻求不同的方式以代替和满足需求，适应退休后的生活。此时员工做好了离开工作岗位的准备，逐步退休并开始安享晚年。该阶段的主要任务是减轻工作负担、安排退休和开始退休生活。经过长时间的保持阶段，个体通常会体验到精力和兴趣的降低。

（三）应用

舒伯把职业心理学的焦点从职业转到生涯，集合了发展心理学、差异心理学、社会心理学、人格心理学和现象学的观点，提出了生涯发展阶段论。用舒伯的生涯发展阶段理论进行职业生涯方面的辅导要掌握好辅导策略、辅导措施和辅导方法。

1.辅导策略

根据舒伯的基本观念，生涯辅导工作首先需要了解个体的发展状况：①前期的了解，包括收集资料、初步接触及初步评估；②深度的探究，对工作的重要性、各种角色的分量及价值观、生涯成熟、自我观念、能力与潜能的发展水准、兴趣范围与活动等进行深入评估；③全部资料的整体评估，检验核实全部资料并做评估与预测；④咨询，共同讨论、修正评估结果，包括了解个体目前与下一阶段的自我观念，并进行职业的重组、职业准备与训练等一系列活动；⑤讨论行动计划，将计划、执行、追踪评介结合起来，深入讨论如何具体实施。生涯发展阶段论特别强调必须深入地了解每个人的发展状况，特别是工作观念、生涯成熟程度以及自我观念等方面的内容，包括有关能力倾向与兴趣的资料，这些资料必须经过辅导人员与个体共同讨论后，才能作为辅导与咨询措施的依据。

2. 辅导措施

通过以上评估，咨询员可有针对性地采取下列辅导措施：①对于"选择不确定的人"，应特别注意其情绪反应，了解难以确定的各种文化、社会、生理因素，协助个体统整自我的各个方面，并做出适当的抉择。②对于"生涯成熟度不够者"，应从协助个体了解个人、社会及其他与教育及职业选择有关的因素做起，使他认识到这些因素与个人生涯发展的关系，并且参照生涯发展任务，逐步地发展对职业与生涯的自我观念。③对于"生涯成熟的人"，要协助个体汇集、评估有关自己及环境的资料，得出一些初步的结论，以便为未来发展或决策作参考。辅导人员可以通过重述、反映、澄清、摘要、解释和面质等技巧，依据个体的问题性质，给予指导及非指导式的咨询。指导的方式主要用于在咨询过程中汇集资料和进一步探索主题，并进行现实考验；非指导的方式强调与个体共同探讨行动方向与计划，主要用于协助个体探索问题、描述自我观念、澄清个体对自我接纳的感受、突破因现实考验而引起的态度和情绪感受。

3. 辅导方法

在辅导过程中，辅导人员可利用"生涯自传""抉择日记""画生涯彩虹图"等方法，使个体回顾自己在发展历程中一些特殊的经验、生活中重要人物的影响、个人的态度与感受，以及各个阶段所扮演的角色和个人目标间的差异，并对每一次的决定加以分析，以增进个体对自身发展历程的认识，引导个体积极参与到解决问题及自己设计未来的发展计划的行动中去。

（四）评价

该理论整合了发展心理学、差异心理学、人格心理学及职业社会学的长期研究结果，将其汇聚成为一个完整而系统的理论体系，对于生涯规划来说是一个非常大的进步，其理论原则也得到了广泛的应用；动态发展性的"生涯"概念逐渐取代了静态稳定性的"职业"概念，以规划人生长期生涯发展为主线的"生涯辅导"取代了以短期职业选择为重心的"职业指导"。这一理论观点至今仍是生涯规划的重要理论基础和实践指南。

五、彼得森、辛普森和利尔敦的认知信息加工理论

（一）理论背景

1991年，盖瑞·彼得森、詹姆斯·辛普森和罗伯特·利尔敦合著了《生涯发展和服务：一种认知的方法》一书，详述了生涯发展的新方法，提出了从信息加工取向看待生涯问题解决的认知信息加工理论（CIP）。

（二）主要观点

认知信息加工理论认为生涯发展就是关于一个人是如何做出生涯决策以及在生涯问题解决和生涯问题决策过程中是如何使用信息的。该理论把生涯发展与规划的过程视为学习信息加工能力的过程。自1991年以来，认知信息加工理论经历了不断的修改和完善，盖瑞·彼得森等学者通过研究总结出生涯问题的共同特征。首先，生涯问题通常很复杂并且包含感情因素。它们呈现出模糊的线索和信号，其复杂性来源于各种冲突的愿望和动机、外界的压力以及对未来的担忧。其次，生涯问题的解决通常有多种备选方案，而不是只有一个正确选择。每种选择都会对其他选择产生影响，它们相互依存，所以最佳的解决方案通常是各种选择的结合。最后，选择的结果常常具有不确定性。没有任何一种解决方法可以保证成功地、令人满意地解决生涯问题，因为针对一个主要生涯问题的决策，几乎总是会导致另一些事先无法完全预料到的问题产生。基于以上分析，盖瑞·彼得森等学者提出了认知信息加工的金字塔模型。它分为三层结构：位于金字塔底层的

是知识领域，包括自我知识（对自己的兴趣、技能、价值观等个人特性的了解）和职业知识（对特定职业、职业需求以及外部工作世界的了解）。金字塔的中间层是决策技能领域，是个体在基于对自我和职业的有效认知的基础上，对信息进行加工继而做出生涯决策。这一阶段信息加工的过程包括五个主要阶段，即沟通、分析、综合、评估和执行。其中，信息沟通阶段：个体意识到自己要做一个选择，由于理想与现实之间存在的差距所造成的问题，使得个体不得不开始分析问题的来源、探究问题的成因。分析阶段：个体需要花时间思考、观察和研究个人特质与职业要求之间的关联。综合阶段：这一阶段是对分析阶段的结果进行综合、加工处理，进而制订出消除问题或差距的行动方案。评估阶段：对综合阶段产生的行动方案进行评级和排序，对其优劣进行评估。执行阶段：将选择的方案转化成具体行动，构成决策的 CASVE 循环。CASVE 循环是一个不断重复的持续过程。在执行阶段之后，个体又回到沟通阶段，以确认所做出的是否是好的选择。金字塔的最上层是执行领域，被称为元认知或后射认知。

认知信息加工理论基于八种假设：生涯选择以人们如何去思考和感受为基础；进行生涯选择是一项问题解决活动；生涯问题解决的能力以人们了解什么和如何思考为基础；生涯决策需要良好的记忆；生涯决策需要动机；持续进行的生涯发展是终生学习和成长的一部分；生涯发展在很大程度上取决于人们的思维内容和思维方式；生涯质量取决于人们对生涯决策和生涯问题解决了解的程度。

（三）应用

认知信息加工理论认为，生涯规划的最终目标是促进来询者信息加工技能的发展，提高来询者作为生涯问题解决者和决策制定者的能力。规划师可以评估来询者的知识及其所处的决策阶段，从而使用相应的策略和方法为其提供服务。认知信息加工金字塔模型为规划师提供了帮助来询者的理论框架，而决策制定的五阶段循环模型（CASVE 循环）可用于发展来询者的问题解决技能。信息加工理论还特别强调元认知在生涯问题解决中的作用，而通过训练来询者辨别消极想法、进行积极的自我对话、发展自我控制等可以促进来询者元认知的发展。

（四）评价

认识信息加工理论强调生涯发展是一个持续的学习过程，生涯决策能力的获得也可以被视为一种学习策略。它区别于其他理论的最主要方面是着重强调了信息加工的重要性，在完善学生个体知识领域、指导个体合理进行职业生涯决策、客观规划职业生涯等方面有着较强的可行性和实效性，因而受到了各国高校职业生涯教育的重视，逐渐成为当前各国高校职业生涯教育中重要的指导理论之一。

六、施恩的职业锚理论

（一）理论背景

1975年，美国著名的职业生涯管理研究者、美国麻省理工学院斯隆管理学院教授、哈佛大学社会心理学博士埃德加·施恩教授在其1978年出版的《职业的有效管理》一书中率先提出了职业锚理论。这一概念最初产生于美国麻省理工学院斯隆研究院的专门小组，是从对斯隆研究院毕业生职业发展的纵向研究中演绎而来的。

（二）主要观点

施恩认为，人的职业生涯发展是一个持续不断探索的过程，在个人的从业过程中，每个人都会根据个人的能力、动机、天分、需要、态度、认知和价值观等逐渐形成较为明显的与职业有关的自我概念和明显占主导地位的职业定位（职业锚）。职业锚是指人们通过实际的工作经验达到自我满足和自我价值实现的一种长期稳定的职业选择定位。职业锚包含三个方面的含义：首先，职业锚是个人的自我认知，是个人在成长和职业发展过程中长期累积形成的对自我价值观、能力、优势、需要等方面的认知；其次，职业锚是在职业生涯发展过程中发现的，是由实际工作经验带来的认知，因此对职业锚的正确认识必须是建立在一定工作经验之上的，而不是在个人初次择业之前；最后，职业锚是指导个人进行职业选择、开展职业生涯管理的有利依据。

施恩最初提出的职业锚包括五种类型：技术/职能型职业锚、管理型职业锚、独立自主型职业锚、安全稳定型职业锚和创造/创业型职业锚。1992年施恩又扩展了服务型、挑战型和生活型三种职业锚，将职业锚扩展为八种。八种类型的职业锚理论有非常强的个体针对性和人群覆盖性。

1. 技术 / 职能型职业锚

技术 / 职能型的人热爱专业技术或职能工作，有着强烈的技术或职能导向，为了获得在技术 / 职能方面的成就感，不断追求在技术 / 职能领域的成长和技能的提升，以及应用这种技术 / 职能的机会。他们对自己的认可来自他们的专业水平，他们喜欢面对来自专业领域的挑战，一般不愿意选择那些带有一般管理性质的职业。这类人多从事工程技术、财务分析、系统分析等工作。

2. 管理型职业锚

管理型的人青睐于管理职业，有着强大的管理动机，其致力于追求管理能力和权力的提高，也勇于承担较高技术的管理责任，具有很强的升迁动机和价值观，具有将分析能力、人际关系能力和感情能力相结合的技能，以提升等级和收入作为衡量成功的标准。这类人在很大程度上具有对组织的依赖性，可以独立负责一个职能部门，也可以跨部门进行人事、财务等方面的管理。

3. 独立自主型职业锚

独立自主型的人希望随心所欲安排自己的学习和生活，追求的是宽松、自在、独立的工作环境，少受外界的干扰，最大程度地摆脱外界的限制和制约。他们宁愿放弃等级提升或工作扩展的机会，也不愿意放弃自由与独立。成功的标准是在职业中寻找到快乐和自由，有职业认同感，把工作成果与自身努力相联系。

4. 安全稳定型职业锚

安全稳定型的人十分重视长期的职业稳定和工作的保障，在行为上倾向于根据组织提出的要求行事，不越雷池一步，对组织有较强的依赖性。这种类型的人大多适合稳定性高、风险小、收入体面、有保障的职业，他们对组织有较高的忠诚度，容易接受组织的文化和价值观，往往不愿意接受变化性强的职位。他们可能优先选择到政府机关工作，更愿意让他们的雇主来决定他们去从事何种职业。

5. 创造 / 创业型职业锚

创造 / 创业型的人适合能自由发挥其创造力的职业，其职业选择要求自主，敢于冒险、追求新事物，希望通过自己的努力去创造属于自己的公司或创设某种完全属于自己的产品（或服务）。他们可能正在别人的公司工作，但同时他们在学习并评估将来的机会，一旦感觉时机到了，便会走出去创建自己的事业。这类人有强烈的创造需求和欲望，意志坚定，勇于冒险，总是力图以坚韧不拔、百折不挠的精神和行为实现自身的价值。

6. 服务型职业锚

服务型的人一直追求他们认可的核心价值，如帮助他人、改善人们的安全状况、通过新的产品消除疾病等。他们大多适合通过帮助他人来实现自我价值的工作，如福利工作、社会工作等。

7. 挑战型职业锚

挑战型的人喜欢解决看上去无法解决的问题，如战胜强硬的对手、克服无法克服的困难障碍等。对他们而言，参加工作或职业的原因是工作允许他们去战胜各种不可能；他们需要新奇、变化和困难，如果事情非常容易，工作马上变得非常令他们感到厌烦。

8. 生活型职业锚

生活型的人希望将生活的各个主要方面整合为一个整体，喜欢平衡个人的、家庭的和职业的需要，甚至可以牺牲职业的一些方面，例如放弃职位的提升来换取三者的平衡。他们将成功定义得比职业成功更广泛，将生活质量的提高和职业的发展放在同一高度，甚至更加注重生活质量，他们往往追求事业、家庭、个人生活的平衡。

（三）应用

职业锚是个人经过搜索确定的长期职业定位，它清楚地反映出个人的职业追求和抱负。透过职业锚，组织可以判断员工在职业选择与发展上的偏好，有针对性地对员工发展设置可行、有效、通畅的职业通道；个人则可以凭借组织提供的有效通道，获得自身的职业满足，深化对组织的感情认同。职业锚能够促进员工预期心理契约的发展，有利于个人与组织稳固地相互接纳，并可以为员工未来的职业生涯发展奠定基础。

（四）评价

不同职业锚的人有着不一样的职业目标，也有着各自适合的职业领域。职业锚理论为职业生涯规划提供了重要的理论指导。在职业生涯规划过程中，只有正确判定个人的职业锚类型，找准适合的职业类型和职业发展方式，并有针对性地进行适合的职业规划和管理，才能充分发掘个人职业潜能，提高职业满意度，进而激发其工作效率，推动个人和组织的发展，实现个人和组织的双赢。

第二章　大学生就业的社会环境

第一节　大学生就业制度的历史沿革

中华人民共和国成立后，高等学校毕业生分配就业制度经历了不同的发展阶段。

一、统包统配制度

美国教育学家卡扎米亚斯曾经说过这样一段很有见地的话："所有社会，在民族危机和重大事变之后都有过重大教育改组的尝试。"20 世纪 50 年代的中国也不例外。

第一个时期：中华人民共和国成立至"文化大革命"前

《中国人民政治协商会议共同纲领》第四十一条规定："中华人民共和国的文化教育为新民主主义的，即民族的、科学的、大众的文化教育。"第四十六条规定："人民政府应有计划有步骤地改革旧的教育制度、教育内容和教育法。"这是新中国成立后第一个关于教育改革的指导方针。

1949 年 11 月 17 日，教育部在北京召开华北区及京津 19 所高等院校负责人会议，讨论高等教育改造方针。时任教育部副部长钱俊瑞指出，对高等教育应进行坚决的和有步骤的改造，改造的方向是一切服务于国家建设，特别是经济建设。

1950 年 6 月 22 日，中央人民政府政务院发布的《为有计划地合理地分配全国公私立高等学校今年暑期毕业生工作的通令》中规定，从毕业生人数较多的华东、中南、西南三个大区抽调部分毕业生支援重点工业建设地区东北区，另从华北区抽调部分毕业生充实中央党政机关，计划调节 7400 ~ 8700 名。

1951 年 6 月 29 日，政务院通过《关于 1951 年暑期全国高等学校毕业生统筹分配工作的指示》，指出该年度毕业生分配的主要原则是"统筹兼顾"，即从国家整体利益出发，实行统一安排，同时考虑各方面的利益。

1951 年 10 月 1 日，政务院发布《关于改革学制的决定》，明确规定"高等学校毕业生的工作由政府分配"。在《关于改革学制的决定》出台之前，国家对大学毕业生分配的控制还是比较松散的。

1952 年 7 月 19 日，政务院《关于 1952 年暑期全国高等学校毕业生统筹分配工作的指示》中进一步指出，高等学校毕业生的工作由政府分配，这是完全符合我们国家实际情况的。该指示还强调："各地区在分配时，首先应保证完成中央抽调到其他地区的数字，特别是工科学生必须全部由中央统一支配。"

1954 年，在毕业生的分配问题上，对私营企业的支持显然已不那么积极。1953 年至 1956 年正是对中国民族资产阶级开办的私营工商业进行社会主义改造的完成时期，对行将消失的私营企业，新政权不再采取积极地配备大学毕业生的政策。但是，1955 年的指示中又提出："私营企业的需要，由各地区适当考虑配备。"在 1956 年的指示中仅仅提到考虑对公私合营企业配备大学生，丝毫没有谈到私营企业。

1957 年，国务院《关于毕业生分配的规定》中指出："除开国家某些缺门和急需的专业必须全部服从国家分配以外，对于其他专业学科中少数不顾国家需要、无理坚持个人要求、拒服从分配的学生，可以发给毕业证书，学校负责人向他们宣布，国家不再负责分配他们的工作，由他们自找职业，但是，国家机关、学校、企业和事业单位只能接收国家分配的学生，不得自由录用这些自找职业的学生。"

1960 年 5 月 27 日，中共中央批转国家计委党组《关于 1960 年至 1962 年高等学校理工科毕业生分配问题的报告》，对毕业生的分配体制确立了以下的办法和格局：在国家统一计划下，实行地方留成和中央提成的分配办法。

第二个时期："文化大革命"期间

1966 年"文化大革命"在全国展开，导致高校招生停止了四年。1966 届毕业生因参加运动当年没有分配，1967 年下半年中央决定开始分配 1966 届毕业生，同时自1966年至1970年停止招生。没有招生，就业就无从谈起。对1967年到1970年毕业的大学生仍采取了由国家统一分配的办法，大批毕业生分配到基层厂矿企业和中小学，分配到生产第一线。

从1972年开始，采取单位推荐保送的办法招收"工农兵学员"，到1980年共毕业90多万人。对这部分毕业生，按招生时已经明确的原则，根据中共中央、国务院的有关规定，基本上是根据毕业生生源情况，由各省、自治区、直辖市分配回来源地区或单位安排工作，毕业生实行"三来三去"的办法，即社来社去（指农村人民公社推荐的学生，毕业后回到推荐的人民公社）、厂来厂去、哪来哪去。这种高等教育招生和就业制度，与当时特定的经济、政治形势有关。

二、从"统包统配"到"双向选择"制度

第一个时期：自上而下的分配时期

1976年"文化大革命"结束，1977年恢复高考制度。从1977级起，国家又重新实行统一分配的大学毕业生就业制度。1981年，国务院批转了国家计委、教育部、国家人事局《关于改进1981年普通高等学校毕业生分配工作的报告》，对毕业生的分配实行在国家统一计划下，实行"抽成调剂、分级安排"的办法：教育部直属高校面向全国培养人才，其毕业生由国家负责面向全国分配，主要用于加强重点，调剂质量；中央业务部门主管的院校，主要是为本行业、本系统培养人才，其毕业生原则上由中央各业务部门在本系统、本行业内分配；省、市、自治区主管的院校毕业生，主要由各省、市、自治区负责面向本地区分配。

第二个时期："双向选择"初现端倪

1983年，国务院批转国家计委、国家教委、劳动人事部《关于1983年全国毕业研究生和高等学校毕业生分配的报告》，决定实行学校与用人单位直接见面的就业办法，使培养、分配与使用更好地结合起来。这种新式的就业办法首先在清华大学、上海交通大学、西安交通大学和原山东海洋学院四所院校试点，实行"三公开、三允许"。"三公开"即分配政策公开、学生情况公开、需求计划公开；"三允许"即允许用人单位与毕业生直接见面、允许用人单位查阅毕业生档案、允许用人单位不接受学校推荐的毕业生。这种供需见面、政策公开的做法，在实质上已经接近于双向选择的就业方式。

1985 年 5 月 27 日，中共中央颁布的《中共中央关于教育体制改革的决定》中明确指出，对于国家招生计划内的学生，其"毕业分配，实行在国家计划指导下，由本人选报志愿、学校推荐、用人单位择优录用的制度"。

第三个时期："双向选择"逐渐落实

1989 年 3 月 2 日，国务院批准了由国家教委、国家计委和财政部提出的《高等学校毕业生分配制度改革方案》。该方案指出："高等学校毕业生分配制度改革的目标是：在国家就业方针、政策指导下，逐步实行毕业生自主择业，用人单位择优录用的'双向选择'制度。"该方案的出台加快了毕业生分配制度改革，实行在国家方针政策指导下，在一定范围（地区范围、行业范围）内毕业生自主择业，用人单位择优录用的"双向选择"制度。

至此，"双向选择"开始在全国高校中普遍实行，多种形式的高校毕业生就业市场开始逐步形成。

三、"自主择业"制度第一个时期：从"双向选择"过渡到"双向选择，自主择业"

1993 年 2 月 13 日，中共中央、国务院颁布了《中国教育改革和发展纲要》，提出了高校就业改革的目标和基本做法。主要包括：改革高等学校毕业生"统包统分"和"包当干部"的就业制度，实现少数毕业生由国家安排就业，多数毕业生由学生自主择业的就业制度；逐步推行毕业生与用人单位"双向选择"的办法，委托和定向培养的学生按合同就业，自费生自主择业等。

1994 年，国家教委颁布的《关于进一步改革普通高等学校招生和毕业生就业制度的试点意见》中指出，国家不再以行政分配而是以方针政策引导、奖学金制度和社会需求信息来引导毕业生自主择业。

1995 年，国家教委颁布的《关于 1995 年进行普通高等学校招生和毕业生就业制度改革的意见》中指出，各普通高校对"并轨"后所招的大学生，毕业时原则上在本系统、本行业范围内自主择业，条件成熟后逐步过渡到大多数毕业生自主择业。

第二个时期："自主择业"

1999 年，在全国高校毕业生就业工作总结研讨会上，教育部高校学生司毕业生就业处负责人在发言中指出：全国高校毕业生就业改革，将按照建立一个不包分配、竞争上岗、择优录用的改革目标的要求，采取分类指导、分步实施和分层推进的工作方针。

教育部《关于做好2000年全国普通高等学校毕业生就业工作的通知》中规定，自2000年起将毕业就业派遣证改为就业报到证，这从性质上表明毕业生的就业自主地位得到了确立。2000年基本实现高校毕业生就业制度改革。

2002年3月，国务院转发教育部等四部委《关于进一步深化普通高等学校毕业生就业制度改革有关问题意见的通知》，提出了认清形势深化改革，进一步完善高校毕业生就业工作管理体制，加快人才结构调整，进一步拓宽毕业生到基层就业的渠道等重要指导思想。

2003年9月，国务院办公厅下发了《关于做好2003年普通高等学校毕业生就业工作的通知》，进一步明确了高等学校毕业生就业制度改革的目标是坚持"市场导向、政府调控、学校推荐、双向选择"的制度，并对各级政府、高等学校、用人单位和毕业生在就业问题上作出了全新的规定。

2004年4月，国务院办公厅下发《关于进一步做好2004年普通高等学校毕业生就业工作的通知》，提出"将毕业生就业工作纳入国家人才战略的总体部署中，加强制度建设和创新"。

近年来，大学生就业的基本政策稳定，每年国务院、教育部都下发文件，进一步规范大学生就业制度，以促进大学生就业。2009年11月，教育部下发《关于做好2010年普通高等学校毕业生就业工作的通知》，要求各地和高等学校高度重视，切实采取有效措施，全力推动2010年高校毕业生就业工作。

第二节　大学生就业的社会环境分析

一、影响大学生就业的社会因素

据研究发现，环境因素对学生就业需求存在正向影响。家庭因素、个人因素和社会因素与学生就业需求的相关性依次增大。社会因素主要包括：大学毕业生人数、社会对大学毕业生需求标准、大学生就业指导与服务、大学生就业政策。

1. 大学毕业生人数

从中华人民共和国成立之初的 2.1 万高校毕业生，到 2020 年的 874 万，60年间，在风风雨雨中，我国高等教育完成了从精英化到大众化阶段的飞跃。

"博士生一走廊，硕士生一礼堂，本科生一操场。一个招聘人数不多的岗位，前来应聘的常常有上百个研究生或是上千个本科生。"这是一位女大学生对一招聘会现场的描述。当今大学毕业生就业压力之大，由此可见一斑。

近年来，随着高校扩招，大学毕业生总量不断增加，而我国经济发展正处于战略性结构调整时期，向社会提供的就业岗位总数相对减少，大学生就业受到了相应影响。随着现代企业制度的建立，国有企业改组改造，使过去作为接收大学毕业生的渠道变得越来越窄。而机构改革不断深入，机关、事业单位实行精简分流，门槛越来越高，使大学毕业生的就业机会大大减少。这些问题使大学毕业生的"人才供给"与社会所提供的就业"岗位需求"之间出现了不平衡，加大了大学毕业生就业的社会压力，大学生就业难、大学生失业现象屡见不鲜。

2. 社会对大学毕业生需求标准

由于我国经济存量需求不足，大学毕业生的"买方市场"已经形成，就业竞争日益激烈，用人单位对大学毕业生需求标准进一步提高。用人单位既注重毕业生综合素质，又要挑选学校和学历层次；既要毕业生专业学习成绩优异，又要其综合素养高；既要毕业生具有创新意识，又要其踏实肯干、具有强烈的责任感和团队合作精神等。同时，毕业生的实际能力也已成为许多用人单位考核的内容，外语等级考试证书、计算机等级考试证书、驾照等也已成为一些地区和单位聘用毕业生的基本条件。社会对大学毕业生的要求已从"数量型"转为"质量型"，用人单位更加注重大学毕业生的综合素质和实际能力。

随着我国经济结构的战略性调整，产业结构不断重组，传统产业比重逐年下降，高科技产业得以迅速发展，而高等教育在学科专业以及人才培养方式等方面都难以适应，导致毕业生和社会所需求的人才素质结构之间出现了结构性不适应。目前的就业市场情况可以充分证明，并不是整个人才市场出现了人才饱和，而是有的部门人才过剩，有的部门却高薪聘不到合适的人选。导致这方面问题的因素主要包括两个方面。

一方面，由于我国经济发展的不平衡，对毕业生需求的数量和层次存在着地区和产业等方面的差异，东部沿海地区、经济发达地区以及一些中心城市对毕业生需求旺盛，中西部地区的需求有所增加，而一些边远省区及经济欠发达地区的需求仍然不足。作为传统毕业生就业主渠道的国有大中型企业的需求稍有回升，但吸纳能力有限，而三资企业、民营企业及高新技术产业企业的需求数量大大增加。

另一方面，高校的专业设置与大学毕业生就业成功率的高低有着密切的关系，合理的专业设置使人才资源按社会的需求得到有效配置，人才适销对路，便可提高毕业生的就业率。但是，当前高校人才培养与社会需求之间脱节，高等教育输出的人才与社会所需人才专业不协调，学校没有培养出符合社会需要的专业知识、思想道德、责任感、实践动手能力、事业心、实际工作能力、人际关系协调能力、语言表达能力等。由于大学毕业生的综合素质不能满足人才市场需求而造成结构性就业障碍。此外，我国高等教育发展不平衡，部属院校和地方院校之间、重点大学和一般大学之间、本科院校与专科学校之间，在专业设置与人才培养质量等方面存在较大差别，不同高校、不同层次的毕业生，社会需求情况差异较大。在人才市场上，名牌大学常常是门庭若市，用人单位接踵而至，而一般院校则往往是门可罗雀。

我国经济发展不平衡是将长期存在的问题，不易改善。高校作为人才培养单位，一方面，需要时刻关注国家经济发展的大政方针和经济结构调整动向，根据社会发展需求而培养不同类型的人才，这是促进大学生就业的重要环节；另一方面，高校要对不断变化的市场需求进行研究、分析和预测，从而确定自己的办学理念、办学层次、专业设置和教学内容，注意建立合理的办学结构、专业结构和课程结构。

3. 大学生就业指导与服务

目前，仍然有不少学生认为上了大学就是"鲤鱼跳龙门"，必须找个好工作才算就业。相当一部分大学毕业生就业期望值过高，不能适应就业市场的需要。许多大学毕业生宁肯"流浪"在大城市，也不愿到地方、到基层、到中小城市就业。而用人单位存在人才高消费的心理，从而造成了选择性失业。

随着大学毕业生就业市场化的发展，大学生获得就业指导与服务的愿望日益强烈，高校原有的就业指导模式已不适应大学生就业形势的发展需求，大学毕业生迫切需要高校提供专业化的就业咨询与指导。大学生就业指导与服务工作不能再局限于政策、程序和择业技巧等层面，更要扩展到个性测定、职业测评、职业生涯设计领域。

4.大学生就业政策

大学生就业相关政策改革迟缓，造成政策性失业。比如，劳动力市场的相应机制不够完善，信息不够顺畅，顺应扩招的改革措施不到位。高校扩招后，毕业生人数的突增不可避免地冲击着原有的就业市场，可原有的就业分配制度、人事制度、与毕业生就业相关的各种政策及法规、社会保障制度、信息渠道等变革不同步，制约了大学生顺利就业。

二、大学生就业的相关政策法规

在各个特定时期，教育部等有关部委会制定和颁布一系列的政策法规以促进大学生就业工作。但是，在大学生的就业活动中，却经常出现因为缺乏就业政策或者忽视就业法规而给大学生就业活动造成障碍的现象。因此，作为大学毕业生，在确立自己的择业目标时，要全面了解大学生就业政策及法规，合理利用相关就业政策法规，为自己顺利就业扬帆助航。

大学生就业的相关政策法规是一个复杂、庞大的政策法规体系，内容十分丰富，而且其中的大部分内容有着时效性和区域性的特点，所以我们不对其加以一一介绍。我们选择了一些实用性强和具有代表性的政策法规加以介绍，希望能对大学生就业提供参考。

1.劳动法相关知识

1994年7月5日，《中华人民共和国劳动法》（以下简称《劳动法》）在第八届全国人大常务委员会第八次会议上通过，并于1995年1月1日起施行。这是新中国成立以来的第一部专门保障劳动者合法权益的基本法律，它为劳动者的合法权益建立了法律防线，为进一步实施劳动制度改革保驾护航，是劳动保障法制建设的重要里程碑。

《劳动法》对国家和政府在促进就业方面的职责作了如下表述。

第十条：国家通过促进经济和社会发展，创造就业条件，扩大就业机会。

国家鼓励企业、事业组织、社会团体在法律、行政法规规定的范围内兴办产业或者拓展经营，增加就业。

国家支持劳动者自愿组织起来就业和从事个体经营实现就业。

我国把扩大就业放在经济社会发展的突出位置，并通过促进经济和社会的发展来促进就业，实施积极的就业政策。近年来，中央政府及其职能部门为解决就业问题发布的一系列政策，能够在一定范围内解决一些问题。

第十一条：地方各级人民政府应当采取措施，发展多种类型的职业介绍机构，提供就业服务。

第十二条：劳动者就业，不因民族、种族、性别、宗教信仰不同而受歧视。

在我国劳动力市场中，性别歧视问题较难解决。《劳动法》明确规定妇女享有与男子平等的就业权利。用人单位在录用职工时，除国家规定的不适合妇女的工种或者岗位外，不得以性别为由拒绝录用妇女或者提高对妇女的录用标准。

《劳动法》并不是一部就业法，只是一部劳动管理法，它本身并不具备促进就业的功能。但是，大学毕业生需要了解其重要性。目前在大学生就业过程中，一些用人单位不与大学生签订就业协议（劳动合同）的一个重要的原因是，依据《劳动法》的规定，如果用人单位不与大学生签订就业协议，就没有建立劳动关系，不受《劳动法》的约束，用人单位可随意盘剥大学生。因此，大学生就业时应当掌握基本的劳动法方面的知识。

2. 劳动合同法相关知识

《中华人民共和国劳动合同法》（以下简称《劳动合同法》）已由第十届全国人民代表大会常务委员会第二十八次会议于 2007 年 6 月 29 日通过，自 2008 年 1 月 1 日起施行。劳动合同是指劳动者与用人单位确立劳动关系、明确双方权利和义务的协议。

签订就业合同时，大学生需要注意以下条款。

第八条：用人单位招用劳动者时，应当如实告知劳动者工作内容、工作条件、工作地点、职业危害、安全生产状况、劳动报酬，以及劳动者要求了解的其他情况；用人单位有权了解劳动者与劳动合同直接相关的基本情况，劳动者应当如实说明。

第十七条：劳动合同应当具备以下条款：

（一）用人单位的名称、住所和法定代表人或者主要负责人；

（二）劳动者的姓名、住址和居民身份证或者其他有效身份证件号码；

（三）劳动合同期限；

（四）工作内容和工作地点；

（五）工作时间和休息休假；

（六）劳动报酬；

（七）社会保险；

（八）劳动保护、劳动条件和职业危害防护；

（九）法律、法规规定应当纳入劳动合同的其他事项。

劳动合同除前款规定的必备条款外，用人单位与劳动者可以约定试用期、培训、保守秘密、补充保险和福利待遇等其他事项。

大学毕业生进入用人单位试用期间应要求与用人单位签订劳动合同，并要求购买社会保险。若用人单位在一个月的试用期后，没有与求职大学生签订劳动合同，就要赔付大学生双倍的工资；若用人单位在试用期内没有为劳动者购买社会保险，将承担相应的法律责任。此条规定为大学毕业生就业提供了强制性保护。让大学毕业生切实感受到国家、社会对他们的关怀，这对稳定劳资关系将起到很大的作用。

然而，一些大学生在与用人单位签订劳动合同时，不好意思仔细阅读合同条款，而有的公司在合同条款里已经设下了陷阱，一旦解约，就会让你有苦说不出。

【案例】在毕业前的一次招聘会上，小张把自己的简历投给了一家房地产公司。公司一位副总与他交谈后表示对他很满意，希望能当场签合同，并许诺可以解决住房，而且月薪在3000元以上。小张毫不犹豫地同意当场签约，生怕过了这村就没有这店了。对方出具的是一份打印好的合同，小张草草浏览了一下就无比兴奋地签下了自己的名字。

小张的职位是销售部的销售员。进了公司才知道，所谓的3000元月薪是要靠提成挣的，上不封顶下不保底。公司十几个销售员只有一位业绩突出的曾拿到过 3000 元的月薪。而所谓的住房其实是一间破旧的仓库，不到 30 平方米，挤着 8 个人。小张感觉自己受骗了，找到那位副总去理论，对方脸一沉说："那是口头上说的，并没有写进合同。"

小张找出当初签订的合同一看，发现在工资条款里只写着"工资待遇高"，在住房条款里写得更模糊："由公司提供住房"。再往下看，更不得了。合同规定聘用期为三年，应聘方如毁约，需交纳违约金，每年 5000 元。另外，合同还规定：员工不得利用公司电脑上 QQ，发现一次扣 100 元工资；不得在办公区域抽烟、吃零食，发现一次扣 100 元；不得迟到、早退，每迟到或早退一次扣除工资的 2%……也就是说，只要稍有不慎，小张还得给公司"发工资"。

第九条：用人单位招用劳动者，不得扣押劳动者的居民身份证和其他证件，不得要求劳动者提供担保或者以其他名义向劳动者收取财物。

第十一条：用人单位未在用工的同时订立书面劳动合同，与劳动者约定的劳动报酬不明确的，新招用的劳动者的劳动报酬按照集体合同规定的标准执行；没有集体合同或者集体合同未规定的，实行同工同酬。

【案例】唐琴大学毕业后通过应聘进入一家公司上班，签订合同时，公司称有内部规定要求唐琴将毕业证交给公司管理，不了解情况的唐琴只好照做。谁知道工资以及待遇和开始说的都不一样，但是证件被扣押了，唐琴想离开都离开不了。

在新《劳动合同法》实施前，一些用人单位利用其强势地位，常常在劳动合同中设置不平等条款，如在劳动合同中设定高额违约金、扣押大学生的居民身份证或者其他证件，从而限制大学毕业生在职场上的自由流动，妨碍大学毕业生择业自主权的行使，并由此引发了大量劳动争议。因此，大学毕业生在遇到类似情况时，应当拿劳动条例的相关规定与用人单位进行交涉，或向劳动监察部门求助，切不可盲目地将自己的有效证件交给用人单位。新《劳动合同法》第九条和第十一条的规定，可以帮助刚刚步入社会的大学生减少就业恐惧感、树立良好就业信念，让他们在从学生转变为社会人的过程中，有足够的时间进行角色转换。因为能够一步到位的大学毕业生不多，大部分人需要在就业、择业的过程中不断地作出调整。如果限制他们在职场上的自主选择权，将会使大学毕业生对就业产生消极情绪，不利于劳资关系的稳定，也不利于社会的和谐发展。

第十九条：劳动合同期限三个月以上不满一年的，试用期不得超过一个月；劳动合同期限一年以上不满三年的，试用期不得超过二个月；三年以上固定期限和无固定期限的劳动合同，试用期不得超过六个月。

同一用人单位与同一劳动者只能约定一次试用期。

以完成一定工作任务为期限的劳动合同或者劳动合同期限不满三个月的，不得约定试用期。

试用期包含在劳动合同期限内。劳动合同仅约定试用期的，试用期不成立，该期限为劳动合同期限。

第二十条：劳动者在试用期的工资不得低于本单位相同岗位最低档工资或者劳动合同约定工资的百分之八十，并不得低于用人单位所在地的最低工资标准。

试用期本应是劳资双方相互熟悉、相互选择的职前准备期，但在劳动力买方市场的情况下，用人单位处于强势地位，求职的大学生处于弱势地位。在试用期内，劳资双方处于不平等的地位。在旧《劳动合同法》实施期间，用人单位钻法律的空子，滥用对劳动者的试用期。其具体做法是：一方面，一些用人单位怀着使用廉价劳动力的心理将试用期定得比较长（如6个月甚至1年）或以调岗为名重复设定试用期，在试用期间，用人单位把劳动者的薪酬压得非常低甚至出现过零工资的情况；另一方面，在试用期即将结束之际，这些用人单位随便解除劳动关系，这样做不但会使应聘的大学毕业生白白付出大量时间精力，也使他们错过了最佳就业期，给这些大学毕业生造成很大损失。

2009年，在某双选会上记者发现一个特别的现象：为了能进一个理想单位，找到一个合适的工作，不少大学生提出暂时"零薪酬"的要求，以吸引用人单位，达到就业目的。有的大学生甚至提出三个月不要工资试用。

【案例】刘小雅是某大学会计专业的学生，已经毕业一个月了，但是一直没有找到合适的单位。为了能够找到一份工作积累工作经验，刘小雅到当地一家会计师事务所，说明自己可以不要工资来工作，就是所谓的"零工资就业"。会计师事务所决定，刘小雅可以先到单位来工作，但不发给其工资，最后看刘小雅的工作表现决定是否录用她。工作了一段时间后，刘小雅与一位学法律专业的朋友聊起了就业中的种种困难，从就业一直谈到工资待遇。这位朋友愤愤然地说"这是违法的"，并说明可以要求事务所按当地最低工资标准支付报酬。刘小雅也觉得应当向会计师事务所要个说法，要求事务所支付最低工资。但是事务所认为刘小雅很多方面还达不到正式会计的要求，不能发给工资，况且当初刘小雅是自己提出不拿工资来工作的。刘小雅为了维护自己的合法权益，在那位朋友的帮助下申请了劳动仲裁。劳动仲裁委员会认为，刘小雅与会计师事务所均符合《劳动法》关于劳动合同主体资格的规定，双方虽未签订书面劳动合同，但存在事实劳动关系，会计师事务所应当依法给刘小雅支付工资报酬。双方关于"零工资就业"的约定，违反了最低工资的强制性规定，故裁决会计师事务所按照当地最低工资标准支付刘小雅工资。

新《劳动合同法》对用人单位合理设定了试用期，用人单位不可再随心所欲地延长试用期限，有效地遏制了用人单位滥用试用期。另外，此条规定也是对劳动者的保护，缩短试用期减少了大学毕业生的求职成本，即使不能达成最终的劳动关系，大学毕业生也不至于错过下一轮的求职最佳时期。新《劳动合同法》的相关规定，保障了大学毕业生的合法权益，在一定程度上增强了大学毕业生的就业稳定感和工作热情，有利于大学毕业生的职业发展。

3. 劳动力市场管理规定相关知识

《劳动力市场管理规定》于 2000 年 11 月 29 日经原劳动和社会保障部部务会议通过，于 2000 年 12 月 8 日起施行。

第八条：用人单位可以通过下列途径自主招用人员。

（一）委托职业介绍机构；

（二）参加劳动力交流洽谈活动；

（三）通过大众传播媒介刊播招用信息；

（四）利用互联网进行网上招聘；

（五）法律、法规规定的其他途径。

目前用人单位的招聘途径较多，但是大学生应到正规的人才市场寻找就业岗位，对互联网、电视、广播等大众媒体发布的招用人员广告一定要保持谨慎。

第九条：用人单位委托职业介绍机构招用人员时，应当出示单位介绍信、营业执照（副本）或其他法人登记文件、招用人员简章和经办人身份证件。

招用人员简章应包括用人单位基本情况、招用人数、职业工种、岗位要求、录用条件、劳动报酬、福利待遇、劳动保护等内容。

用人单位通过报刊、广播、电视等大众传播媒介发布招用人员广告，经当地劳动保障行政部门审核后，按国家有关规定办理。

用人单位应当接受当地劳动保障行政部门组织的空岗调查，并主动报告空岗情况。

大学毕业生在应聘工作时，应当详细了解用人单位的情况，查看其营业执照。

第十条：禁止用人单位招用人员时有下列行为。

（一）提供虚假招聘信息；

（二）招用无合法证件的人员；

（三）向求职者收取招聘费用；

（四）向被录用人员收取保证金或抵押金；

（五）扣押被录用人员的身份证等证件；

（六）以招用人员为名牟取不正当利益或进行其他违法活动。

大学生只可将身份证、学位证的复印件交给用人单位，而原件只需与复印件核对一致即应取回。另外，以各种名目收取求职者或被录用人员的钱款是诈骗者设计骗局的最终目的。有的招聘单位以大学生可以接受的数额收取押金，所以一般人就不加考虑地交钱等待岗位。诈骗者对外来的大学生往往扣留其学历证明、暂住证等证明文件，使之处于被利用和控制之中。大学毕业生必须清楚用人单位收取招用人员的费用是违法行为。大学生应当拒绝交纳诸如报名费、录用费、服装费、培训费、押金等不合理收费，防止被骗。

【案例】小刘是某高校国际经济与贸易专业的大学生，他去一家文化传播公司应聘"文化发展专员"（名字很好听，其实就是促销员）一职。公司要求其买一套书，回家看完以后针对这套书写一个营销方案，如果方案有一定水平就马上聘用，并且承诺买书的费用将会在入职以后一周内予以报销。小刘花了120元买了一套书，回家以后通宵达旦地看完了，第二天赶紧写了一份营销方案发了过去，但此后就杳无音讯了。后来小刘才知道这个公司就是通过这种方式在推销这套书。

不管用人单位以什么理由，也不管要你交多少钱，只要一说交钱，就两个字：拒付。

4. 就业促进法相关知识

为了促进就业，促进经济发展与扩大就业相协调，促进社会和谐稳定，《中华人民共和国就业促进法》（以下简称《就业促进法》）已由第十届全国人民代表大会常务委员会第二十九次会议于 2007 年 8 月 30 日通过，自 2008 年 1 月 1 日起施行。

《就业促进法》中明确提出了政策支持、公平就业、就业服务和管理、就业援助、监督检查等相关政策。从文本上看，《就业促进法》提到大学生就业问题的地方不多，在备受关注的公平就业一章同样没有出现社会所关心的学历歧视等问题，但这并不是说大学生就业问题在《就业促进法》中没有得到应有的重视。

第七条：国家倡导劳动者树立正确的择业观念，提高就业能力和创业能力；鼓励劳动者自主创业、自谋职业。

第十九条：国家实行有利于促进就业的金融政策，增加中小企业的融资渠道；鼓励金融机构改进金融服务，加大对中小企业的信贷支持，并对自主创业人员在一定期限内给予小额信贷等扶持。

结构性矛盾导致大学生就业难，这已成为社会共识。我国政府和社会一直在积极探索结构性矛盾的破题之策，并付诸实践。大学生在知识水平和学习能力上高于一般劳动者，因此引导他们进行自主创业，通过扶持其创业孵化出高素质的经济体，从而吸纳更多人员就业，这从理论上说应该是解决大学生就业问题的理想办法。《就业促进法》第七条"国家倡导劳动者树立正确的择业观念"，无疑就是针对当前我国严峻的就业形势提出的。《就业促进法》的出台有利于社会和高校学生认清形势：大学生就业大众化是社会发展的必然趋势，转变大学生的就业观念，打破"精英"光环的束缚，正视大学生就业大众化的现实，大学生的就业之路才能越走越宽。

大学生创业有很多机遇，但同时也会面临诸多挑战，其中最主要的是创业资金缺乏。大学生筹资困难是制约大学生创业的主要瓶颈，而得到社会创业资本支持的微乎其微，尤其是在缺乏政策支持的情况下，大学生由于起点较低，缺少社会经验，又没有合适的抵押物或担保，银行等金融机构考虑到贷款的安全性，一般不会轻易给创业大学生贷款。《就业促进法》第十九条明确规定"对自主创业人员在一定期限内给予小额信贷等扶持"，这无疑是大学生创业的助推器。

第三条：劳动者依法享有平等就业和自主择业的权利。

劳动者就业，不因民族、种族、性别、宗教信仰等不同而受歧视。

第二十七条：国家保障妇女享有与男子平等的劳动权利。用人单位招用人员，除国家规定的不适合妇女的工种或者岗位外，不得以性别为由拒绝录用妇女或者提高对妇女的录用标准。

用人单位录用女职工，不得在劳动合同中规定限制女职工结婚、生育的内容。

"不招女生"已成为一些地方职场上的招聘潜规则。许多招聘单位，存在排斥或限制女性的现象：有的用人单位明说只要男生；女硕士只能与男本科生同等录用，女博士只能与男硕士同等录用；不少女大学生因为找不到工作，不得不硬着头皮考硕士、考博士。

女研究生在求职中面临年龄尴尬。她们几乎都会被招聘单位问及结婚生子问题，一些单位甚至明确提出"两年内不得结婚生子"（这一要求并不以文字形式出现在聘用合同上）。一家私企人力资源部的经理说："女职员过不了两三年就得怀孕休产假。解聘吧，违反劳动法；养着吧，对企业也是不小的负担。所以，现在我们干脆不招女的。"

一企业到西南某重点大学招聘员工时，拒绝了各方面优秀的女大学生，而招收了相对不那么优秀的男大学生，当愤愤不平的女大学生提及该用人单位歧视女性时，招聘人员回答说："我们不是招聘最优秀的大学生，我们需要的是最适合我们的大学生。"

《就业促进法》第三条规定劳动者就业不因性别不同而受到歧视，这是公民平等权在就业环境中的充分体现，是公民宪法权利的延伸，保障了女大学生在就业中的平等权利。

第四十一条：职业中介机构不得有下列行为。

（一）提供虚假就业信息；

（二）为无合法证照的用人单位提供职业中介服务；

（三）伪造、涂改、转让职业中介许可证；

（四）扣押劳动者的居民身份证和其他证件，或者向劳动者收取押金；

（五）其他违反法律、法规规定的行为。

"黑职介"屡禁不止、职业中介服务不规范等问题长期存在，不少大学生都在职介上吃过亏。职业中介机构未经依法许可和登记，不得从事职业中介活动。此外，职业中介机构不得扣押劳动者的居民身份证和其他证件，或者向劳动者收取押金。如果扣押劳动者居民身份证等证件的，由劳动行政部门责令限期退还劳动者，并依照有关法律规定给予处罚。对中介机构的规范保障了大学生的权利。

第三节　大学生就业市场分析

把握大学生就业市场的基本特点，有利于大学毕业生正确作出就业决策。

一、什么是大学生就业市场

大学生就业市场是以为学校、大学毕业生和用人单位服务为主旨，是大学生找工作、用人单位选人才的专门场所，是毕业生就业所涉及的各种关系的总和。大学生就业市场的主要职能是为大学毕业生及用人单位提供政策咨询、就业指导、创业培训等服务。

二、大学生就业市场的类型

一般来讲，大学生就业市场按照其外在表现形式可以分为有形市场和无形市场。有形市场有特定的时间、地点、人员，而无形市场则不受时间和空间的限制，按照个人意愿进行选择，其空间是无形的，却是客观存在的。

有形市场主要包括高校主办的大学生就业市场、政府主办的大学生就业市场、企业或者中介公司负责的社会市场。

高校主办的大学生就业市场是高校毕业生就业市场的基础，是大学生双向选择的平台。它主要是高校以独立或联合等方式举办的综合性就业双选会、专场招聘会等就业服务市场。高校根据自身专业特点以及学生特征，有针对性地邀请相关的用人单位来校选拔人才，这是目前高校推荐毕业生就业最直接和最集中的渠道。

政府主办的大学生就业市场是面向高校毕业生的公益性就业市场。各级政府在有关促进毕业生就业政策的指导下，为大学毕业生和用人单位进行双向选择提供完善的就业服务。在国家就业政策的指导和支持下，各省、市、县级大学就业市场在高校毕业生就业工作中起到了有效的促进作用，各级相关就业主管部门积极合作，为大学毕业生提供了范围广、层次高的就业服务。政府主办的就业市场具有公益性，并对其他类型的大学毕业生就业市场起示范作用。

企业或者中介公司负责的社会市场包括省市县各级人才市场、劳动力市场等面向全社会各类人才的就业市场，其中包括毕业生就业市场。社会市场还包括招考公务员、参军等。社会市场就业范围广、形式多元、持续时间长，但是由于它是面向社会开放的，所以其竞争相对激烈，而大多数用人单位对于工作经验的要求则进一步加大了大学毕业生的就业难度。

无形市场是伴随着信息技术而发展起来的，主要指网络市场，主要包括高校网站、网上招聘会和就业网站。高校毕业生就业工作任务重、时间紧、规模大，所以作为毕业生不能一味追逐有形市场，还要充分看到和利用无形市场灵活和覆盖面广的优势。近年来，网上招聘和求职等一系列网络就业服务已经被越来越多的机构、组织和个人认可。网络考核和面试效率高，节约求职成本，但是其也存在信息安全隐患。

大学毕业生在网上求职时，一定要加倍注意安全。

【案例】一位从四川到深圳工作的A先生到网上求职，但他没有遇到"伯乐"，自己的家里人却差点被骗钱，老父亲也吓得心脏病复发。

A先生是四川人，来深圳找工作。他在网上留下真实的电话和姓名。两个小时后，就有一个电话打过来，这个人自称是深圳某港资公司人事部的工作人员，通知A先生在当天下午2点去面试，还让A先生留下了四川老家的电话。

过了一会儿，又有一个人给他打来电话，这人自称是深圳某武装中队的，说A先生的手机与在追捕的毒贩互相干扰，影响他们办案，命令A先生立即关机4个小时。

在关机后一个小时，A 先生四川老家的哥哥打通了 A 先生朋友的手机，说是家里刚接到一个电话，打电话的人说他弟弟出了车祸，人在深圳市第一医院，急需 20 000 元的医疗费，要他们赶紧将钱汇到指定的账户上。心生疑惑的 A 先生立刻拨打了前面那两个号码。"根本打不通，全都关机。"A 先生这才恍然大悟，"原来这些人是一伙的，联合起来诈骗。"

A 先生提醒那些网上求职者，填写个人资料时一定要长个心眼。

三、大学生就业市场的特点

大学毕业生是一种特殊的劳动力资源。我国大学生就业市场是在大学生自由择业政策出台后才逐步形成的，是一个不断成长、不断完善的新事物。目前其主要呈现以下特点。

形式多样。大学生就业市场形式多样：既有校园主办的大学生就业市场、政府主办的大学生就业市场、企业或者中介公司负责的社会市场，也有网络市场；既分区域性、行业性，也分科和分层；既有多样性，也有针对性。

时间短暂。大学生毕业时间一般是每年的 6、7 月，而开始找工作一般是前一年的 9 月。大多数的毕业生必须在几个月的时间内落实工作方向，报到或办理相关手续，走上工作岗位。对大学毕业生来说，找工作时间紧迫且相对集中。另一方面，对用人单位来说，为了节约成本和提高招聘效率，到高校校园市场招聘毕业生往往是他们的一个重要选择，目前举办的大学毕业生校园招聘活动的时间一般集中在最后一学年的一段时间里。

政策支持。大学生是具有较高附加值的特殊群体。近年来，国家在宏观上对毕业生的就业方针、原则、政策以及就业方式等有明确的要求，各级地方政府也相继出台了一系列政策促进大学生就业，鼓励大学生创业。

规模庞大。每年全国有几百万大学毕业生走出校门（2020 年，全国普通高校毕业生 874 万）、走向就业市场，数量大、层次多。随着高校扩招，越来越多的高校大学毕业生加入到就业大军中，进而也就造成了大学生就业市场供大于求的艰难局面。

结构失衡和可逆转性。当前大学生就业结构失衡表现在：发达地区供大于求，边远地区供不应求；高科技产业供不应求，传统产业供大于求。由于毕业生的择业期望与市场需求错位，一方面毕业生普遍感觉"找不到理想的工作"，另一方面不少基层的用人单位却招聘不到毕业生。如果能够通过社会、高校、家长、毕业生的共同努力，转变毕业生的择业观以适应市场需求，那么供大于求的买方市场是可逆转的。

高层次型和低水平型并重。与其他劳动力相比，大学毕业生是专业人才，层级较高，素质较好，有较强的发展潜能，是促进社会发展的重要接班人。然而，从实际市场状况来看，由于相当数量的毕业生的能力和素质并不能满足用人单位的要求而造成了人才过剩。

针对性和局限性并存。校园招聘会在高校毕业生就业市场中担当着重要角色，大部分高校毫无疑问会根据本校毕业生的行业性和专业性来组织针对性较强的就业双选会，从而也就忽视了毕业生就业方向的多样性，限制了大学生的就业范围。此外，大部分高校举办的就业双选会参会单位较固定，这些单位接收毕业生数量较多，导致大学毕业生去向较集中。

四、大学生就业面临的挑战

求职费用高。大学毕业生的求职费用主要是制作各种简历、交通费、住宿费以及服装费等。不少学生在找工作的过程中，没有明确的目标，为了吸引用人单位的眼球，制作各种精美简历，四处奔波面试，增大了求职成本。

缺乏工作经验。用人单位为了节省人力培训成本，往往选择有一定工作经验的求职者。而绝大多数毕业生都是第一次择业，用人单位"需要有工作经验"的招聘要求就成了大学毕业生择业就业的又一道门槛。

性别歧视。不少用人单位认为女大学生由于生理、婚姻、生育和劳动保护等因素加大了使用女大学生的劳动成本，且大部分女大学生在成家后易受家庭拖累，降低了女大学生的职业发展潜力。所以，在招聘会上，屡屡有用人单位在招聘条款中明文规定只招男性，从而使女大学生就业陷入困境。

学科适应性不强。目前，高校的学科专业结构调整处于过渡期，高校毕业生就业中因学科的社会适应性、专业的针对性较低而出现结构性矛盾，这一矛盾短期内不易缓解。

社会认同度较低。近年来高校毕业生增长幅度远远超过国民经济增长水平，部分大学毕业生盲目自信，一心寻找"工作条件好、经济收入可观、社会地位高"的职业，而忽视了自身素质和能力的不足，导致了有效就业的社会认同度、社会支持度较低。

五、大学生就业面临的机遇

产业结构调整。随着我国工业化进程的加快，对人员素质的要求会进一步提高，大学生的优势就会凸显出来。随着产业结构的调整、第三产业所占比重越来越大，文化产业、创意产业兴起，这些工作都需要高素质的人才，大学生的机遇更多。

大学生自主创业。高等学校要全面加强创业教育，积极探索在专业课教学中融入创业教育，出台鼓励大学生自主创业的新政策，推动各地设立"大学生创业资金"，力争为大学生创业出台税费减免等优惠措施，并在工商注册、办理纳税手续、申请小额担保贷款等方面简化程序，提供方便。

吸纳大学毕业生就业项目。教育部门要进一步扩大"农村义务教育阶段学校教师特设岗位计划"中央和地方项目的规模；继续做好高校毕业生入伍服义务兵役的征集工作；进一步扩大科研项目单位吸纳毕业生的规模，完善签订服务协议、户籍管理、待遇保障、考核激励等方面的政策。

就业新渠道。教育部规定省级主管部门要协调并配合有关部门，积极探索实施大学生社区就业计划、农村基层卫生人才服务计划等新的基层就业项目，为基层输送更多高素质人才。同时，要采取切实措施大力促进高校毕业生到中小企业和非公有制企业就业。

高等教育改革。教育部门和高等学校要加大专业调整力度，深入市场调研，对就业状况不佳的专业将采取有力措施予以调整。同时，教育部门要继续扩大全日制专业学位硕士研究生招生规模，努力培养更多高层次、应用型人才。

法律保障。《劳动合同法》《就业促进法》等为高校毕业生就业提供法律保障。随着法律的完善，用人单位也逐步完善自己的用人制度，以前非法用工、拖欠工资等现象得以从根本上消除。

综上所述，对于大学生职业发展而言，唯一可控的就是自己的就业能力。外在环境的变化，使大学生充分认识到就业的艰难，进而通过各种方式提升就业能力，而这一系列的相关问题则正是大学生职业生涯规划的重要内容。

第三章　大学生职业选择

第一节　职业选择的理论基础

职业选择是劳动者依照自己的职业期望和兴趣，凭借自身能力挑选职业，使自身能力素质与职业需求特征相符合的过程。俗话说，"女怕嫁错郎，男怕入错行"。可见，职业选择的正确与否直接关系到人生事业的成败。一次对全美国成功人物的调查显示：在他们之中，94%以上的人正在从事与他们兴趣、特长、气质和性格匹配的工作。的确，如果从事的工作与自己不相契合，就不得不费更大的力气来适应，或许用尽全力也不会有优越的表现。国外关于职业生涯选择的理论主要有以下几种。

一、吉列特的生涯决定论

该理论认为，决策是一连贯的决定，任何一个决定都会影响以后的决策，也会受先前决定的影响，因此决策是一个发展的取向而非单一的事件。决策的基本准则在于选择有利因素最多而不利因素最少的方案。吉列特的决策架构特别强调资料的重要性，他将资料组织成三个系统：预测系统，即预测不同选择的行动可能会有的结果以及由行动到结果之间的概率；价值系统，即个人以内在价值体系、态度等，判断不同结果之间的相对偏好；决策系统，即最终作出一系列的决定。

而个人最后作出决策的策略如下。

（1）期望策略：选择最需要得到的结果。

（2）安全策略：选择最可能成功、最保险、最安全的途径。

（3）逃避策略：避免选择最差、最坏结果的方法。

（4）综合策略：选择最需要而又最可能成功、不会产生坏结果的方案。

此理论对于大学生的意义是，大学生的择业须慎重，就如下棋，一着不慎、满盘皆输。第一个职业、第一个岗位，对大学生以后的职业发展构成很大的影响，良好的开端有助于提升工作热情，展现才华，铺就成功道路。

二、库伦伯茨的生涯决定社会学论

库伦伯茨企图解释个人的教育与职业偏好和技能是如何形成的，以及这些喜好和技能如何影响个人对各种课程、职业和工作领域的选择。此理论认为，影响生涯选择的因素包括遗传因子与特殊能力、环境情况与特殊事件、学习经验、工作取向能力。生涯决定社会学论的重点是行为分析或问题界定，是目标导向的，根据当事人的问题而制定辅导目标。

生涯决定社会学论揭示了遗传对个人择业的影响。俗话说：龙生龙，凤生凤，老鼠生来会打洞。父母的一些能力会遗传给子女，使子女在某些方面有特殊的才能。父母是孩子的第一任教师，父母的职业、行为对子女有很大的影响。我们经常可见教师世家、医生世家、艺术世家等，父母所从事的职业声望越高，对子女的影响越大。

环境与特殊事件也会对人的职业选择产生影响。社会环境和就业环境，对大学生的职业选择产生较大的影响，如有些同学追求热门专业，热衷到政府部门、金融企业、大型企业就业。经济环境也会影响大学生的就业选择，经济发展好，就业选择就多；经济低迷，就业选择就少。政府就业政策的引导，也会影响大学生的就业选择，如鼓励学生下基层，到经济建设的第一线工作。特殊事件可以分为家庭或社会的特殊事件。例如，家庭出了名人，社会上发生了一些意想不到的突发事件，在某些方面特别需要人、特别吸引人从事某项工作等，也会影响人们的职业选择。时势造英雄正是这个道理。

三、帕尔森的"职业—人匹配论"

帕尔森明确阐明，职业选择必须清楚地了解自己的态度、能力、兴趣、智谋、局限和其他特征；清楚地了解职业选择成功的条件、所需知识，在不同职业工作岗位上所占有的优势、弱势、机会和威胁，从而达到条件匹配、特长匹配。所谓条件匹配，即所需专门技术和专业知识的职业与掌握该种特殊技能和专业知识的择业者相匹配，例如脏、累、险等劳动条件很差的职业，需要吃苦耐劳、体格健壮的劳动者与之相匹配。所谓特长匹配，即某些职业需要具有一定的特长，如具有敏感、易动感情、不守常规、有独创性、个性强、理想主义等人格特性的人，宜从事审美性、自我情感表达的艺术创作类型的职业。

（一）性格与职业相匹配

性格决定命运，性格选择职业。性格是人对现实的稳定态度和习惯化了的行为方式。它外在表现为四个特征：态度特征（礼貌与粗暴，合群与孤僻，勤奋与懒惰，谦虚与骄傲等）、理智特征（读写记忆、听说记忆、逻辑思维、形象思维等）、情绪特征（平静、起伏、冲动、持久等）和意志特征（目的性与盲目性，主动与被动，坚定与动摇，勇敢与胆怯等）。

选择职业时应使职业与性格相匹配。如医生需要认真、细致的性格特征；科研工作者需要坚定、持之以恒的性格特征；管理者需要果断、沉着、亲和的性格特征；教师需要热情、有爱心的性格特征等。个人要了解自己的性格以及职业所需的性格，然后进行匹配。性格与职业的匹配主要有以下几种类型。

（1）变化型：喜欢变化多样的工作，如记者、推销员、演员等。

（2）重复型：喜欢重复、有规律的工作，如纺织工、机床工等。

（3）服从型：愿意按他人意见办事，配合他人工作，如办公室职员、秘书等。

（4）独立型：在独立负责的工作中获得愉快，如管理人员、律师等。

（5）协作型：善于引导别人，并得到他人喜欢，如社会工作者、咨询人员等。

（6）劝服型：善于影响别人的态度和观点，如辅导员、行政人员等。

（7）机智型：自我控制，临危不惧，如驾驶员、飞行员、公安人员等。

（8）自我表现型：喜欢表现自己的爱好和个性，如诗人、音乐家、画家等。

（9）严谨型：注重工作的各环节、细节，如会计、出纳、统计员等。

（二）兴趣与职业相匹配

兴趣是一种特殊的意识倾向，是人的动机产生的重要原因，也是人对所从事的职业活动具有创造性和产生创造行为的重要条件。

首先，兴趣是最好的老师，是一种强大的精神力量。它可以使人集中精力去获得知识，开发智力并创造性地开展工作。其次，兴趣可以提高人的工作效率。一个人对某一工作有兴趣时，枯燥的工作也会觉得丰富多彩、趣味无穷。工作不再是一种负担，而是一种享受。据研究，兴趣可以使人发挥其全部才能的80%～90%。最后，兴趣是促使事业成功的重要因素，是智力开发的"孵化器"，是动力的源泉。因此进行职业选择时，要考虑个人兴趣的因素。

当然，兴趣与职业相匹配未必十分具体，只要方向是正确的就可以。兴趣与职业的匹配主要有以下几种类型。

（1）愿意与事物打交道：工程人员、制造人员、建筑工等。

（2）愿意与人打交道：记者、推销员、行政人员、外交人员等。

（3）愿与大自然打交道：地质人员、农业技术员等。

（4）愿从事社会福利和热心助人：律师、教师、医生、护士等。

（5）愿从事组织和管理：管理人员、行政人员、企业家等。

（6）愿研究人的行为和心理：人事管理、社会科学工作者、作家、教师等。

（7）愿从事科技事业：自然科学工作者、工程技术人员等。

（8）喜欢从事有创造性的活动：社会调查、经济分析、新产品开发等。

（9）喜欢操作机器的技术活动：飞行员、驾驶员、机械制造等。

（10）喜欢具体工作：室内装饰、园林、美容、理发等。

（11）愿意与文字符号打交道：办公室职员、图书管理员、档案员、打字员等。

同时，个人如果决定选择某项职业，更要有意识地、积极地培养对该职业的兴趣。职业兴趣的发展一般要经历这样一个过程：有趣（短暂、多变的兴趣）—乐趣（专一、深入的兴趣）—志趣（具有社会性、自觉性、方向性的乐趣）。

（三）能力与职业的匹配

扬长避短是职业成功的重要条件。一个人必须首先了解自己的能力，何处长，何处短，才能充分发挥优势能力的作用，使能力与职业相匹配。人的能力类型是有差异的，能力水平要与职业层次一致或基本一致。对一种职业或职业类型来说，由于所承担的责任不同，又可分为不同层次，不同的层次对人的能力有不同的要求。能力与职业匹配主要有以下几种类型。

（1）对数字敏感、有逻辑推理才能——数学家等。

（2）有语言表达能力——演讲家、作家等。

（3）对空间色彩特别敏感——建筑师、画家等。

（4）对别人性格有洞察能力——领导者、外交家等。

（5）对声音特别敏感——音乐家等。

（6）懂得控制肌肉和身体活动——体操运动员、舞蹈艺术家等。

（四）气质与职业的匹配

气质是指心理活动的稳定的动力特征。气质本无好坏之分，每种气质都有其积极或消极的一面。气质之所以成为制约人们选择职业的重要因素之一，是因为不同职业对人的气质有特定的要求。气质与职业匹配的类型主要如下。

（1）多血质：表现为反应敏捷、外向、善交际、兴趣广泛，但情绪不稳定、浮躁，见异思迁。适合从事外交、管理、记者、教师、探险家等工作。

（2）胆汁质：表现为反应速度快但不灵活、热情、直爽、有魄力、敢负责、容易适应新环境，但有时刚愎自用、鲁莽冲动，遇挫折心灰意冷。适合从事导游、推销员、节目主持人、演员、公关人员等工作。

（3）黏液质：表现为反应迟缓、内向、不易兴奋、外柔内刚、有较强的自制力、不善言谈、埋头苦干、坚韧不拔。适合从事会计、外科医生、出纳、法官等工作。

（4）抑郁质：表现为反应慢且刻板、非常内向、不喜交往、喜独处、性格孤僻、兴趣爱好少、怯懦、自卑、优柔寡断。适合从事校对员、打字员、电脑操作员、检验员、化验员、保管员、机要秘书等工作。

苏联心理学家达维多娃曾形象地描述了四种不同气质类型的人在同一情境下的不同表现。有四位属于不同气质类型的朋友，一同去戏院看戏，可都迟到了。这时，胆汁质的人会和检票员大吵大闹，且不顾检票员的阻拦而闯入剧院；多血质的人看到楼下入口处看守很严，可能溜到楼上去看戏；黏液质的人可能规规矩矩地等在大厅外，直到第一场休息时再进去；抑郁质的人则可能垂头丧气地说："我总是不走运，偶尔来一次剧院，就这样倒霉。"说完就掉头回去了。

四、佛隆的择业动机理论

美国心理学家佛隆通过对个体择业行为的研究认为，个体行为动机的强度取决于效价的大小和期望值的高低，动机强度与效价及期望值成正比。他提出了解释员工行为激发程度的期望理论的公式：

$$F = V \times E$$

F 为动机强度，是指积极性的激发程度，表明个体为达一定目标而努力的程度；V 为效价，是指个体对一定目标重要性的主观评价；E 为期望值，是指个体对实现目标可能性大小的评估，即目标实现概率。

员工个体行为动机的强度取决于效价大小和期望值的高低。效价越大，期望值越高，员工行为动机越强烈，就是说为达到一定目标，他将付出极大努力。如果效价为零乃至负值，表明目标实现对个人毫无意义。在这种情况下，目标实现的可能性再大，个人也不会产生追逐目标的动机，不会为此付出任何积极性的努力。如果目标实现的概率为零，那么无论目标实现意义多么重大，个人同样不会产生追求目标的动机。

五、霍兰德的职业个性理论

该理论认为，对组织和个人都适宜的职业可以通过寻求个性与组织环境的要求之间的最佳配置方式而推测出来。职业满意度、稳定性和实际成就取决于个性与职业特点的匹配程度。根据霍兰德的理论，现列出各种人格类型的共同特点、性格特点和典型职业如下。

（一）现实型

共同特点表现为愿意使用工具从事操作性工作，动手能力强，做事手脚灵活，动作协调。偏好于具体任务，不善言辞，做事保守，较为谦虚。缺乏社交能力，通常喜欢独立做事。性格特点：感觉迟钝、不讲究、谦逊、踏实稳重、诚实可靠。典型职业：喜欢使用工具、机器，需要基本操作技能的工作；要求具备机械方面才能、体力，或对从事与物件、机器、工具、运动器材、植物、动物相关的职业有兴趣，并具备相应能力；如技术性职业（计算机硬件人员、摄影师、制图员、机械装配工）、技能性职业（木匠、厨师、技工、修理工、农民、一般劳动）。

（二）调研型

思想家而非实干家，抽象思维能力强，求知欲强，肯动脑，善思考，不愿动手。喜欢独立的和富有创造性的工作。知识渊博，有学识才能，不善于领导他人。考虑问题理性，做事喜欢精确，喜欢逻辑分析和推理，不断探讨未知的领域。性格特点：坚持性强，有韧性，喜欢钻研。为人好奇，独立性强。典型职业：喜欢智力的、抽象的、分析的、独立的定向任务，要求具备智力或分析才能，并将其用于观察、估测、衡量、形成理论、最终解决问题的工作，并具备相应的能力；如科学研究人员、教师、工程师、电脑编程人员、医生、系统分析员。

（三）艺术型

共同特点表现为有创造力，乐于创造新颖、与众不同的成果，渴望表现自己的个性，实现自身的价值。做事理想化，追求完美，不重实际。具有一定的艺术才能和个性。善于表达、怀旧、心态较为复杂。性格特点：有创造性，非传统的，敏感，容易情绪化，较冲动，不服从指挥。典型职业：不善于事务性工作，喜欢的工作要求具备艺术修养、创造力、表达能力和直觉，并将其用于语言、行为、声音、颜色和形式的审美、思索和感受，具备相应的能力；如艺术方面（演员、导演、艺术设计师、雕刻家、建筑师、摄影家、广告制作人）、音乐方面（歌唱家、作曲家、乐队指挥）、文学方面（小说家、诗人、剧作家）。

（四）社会型

喜欢与人交往、不断结交新的朋友、善言谈、愿意教导别人。关心社会问题、渴望发挥自己的社会作用。寻求广泛的人际关系，比较看重社会义务和社会道德。性格特点：为人友好、热情、善解人意、乐于助人。典型职业：与人打交道，能够不断结交新的朋友，提供信息、启迪、帮助、培训、开发或治疗等事务的工作；如教育工作者（教师、教育行政人员）、社会工作者（咨询人员、公关人员）。

（五）企业型

追求权力、权威和物质财富，具有领导才能。喜欢竞争、敢冒风险、有野心和抱负。为人务实，习惯以利益得失、权力、地位、金钱等来衡量做事的价值，做事有较强的目的性。性格特点：善辩、精力旺盛、独断、乐观、自信、好交际、机敏、有支配愿望。典型职业：喜欢要求具备经营、管理、劝服、监督和领导才能，以实现机构、政治、社会及经济目标的工作，并具备相应的能力；如项目经理、销售人员、营销管理人员、政府官员、企业领导、法官、律师。

（六）常规型

尊重权威和规章制度，喜欢按计划办事，细心、有条理，习惯接受他人的指挥和领导，自己不谋求领导职务。喜欢关注实际和细节情况，通常较为谨慎和保守，缺乏创造性，不喜欢冒险和竞争，富有自我牺牲精神。性格特点：有责任心、依赖性强、效率高、稳重踏实、细致、有耐心。典型职业：喜欢要求注意细节、精确度、有系统、有条理，具有记录、归档、据特定要求或程序组织数据和文字信息的职业，并具备相应能力；如秘书、办公室人员、记事员、会计、行政助理、图书馆管理员、出纳员、打字员、投资分析员。

第二节　大学生职业选择的原则

一、职业选择原则

尽管在职业选择中，不同的人可以从自己的职业价值观出发，采用不同的策略，达到不同的满足。但是，遵循一些一般性的原则有助于顺利地达到人生目标。

（一）可行原则

可行原则也叫客观性原则。即在选择职业时，应考虑社会的现实需要，考虑特定的历史条件和时代要求，不能完全脱离社会需要的实际，一味追求自我设计，作出不切实际的选择，从而导致失意和挫败感。

大学生不乏各种各样的职业理想，想成为明星、成为科学家、成为世界首富、成为国家主席……这些看似很难实现的理想，并不是不可能实现的。在职业发展上一个人的心有多大，舞台就有多大。问题是很多人将理想当成了目标。目标是可以实现的，是在实现职业理想过程中的阶段划分。只有把宏大的职业理想转化为无数的可行的职业目标，职业理想才会最终得以实现。

（二）胜任原则

在选择职业时，应对自己的能力有一个客观实在的评价，包括学识水平、职业技能、身体素质以及个性特点等，看这些是否符合职业要求，不能盲目攀比。尤其是当代青年人，思想比较解放，理想和追求比较高，但首先要面对现实。在市场经济条件下，社会职业不仅重视劳动者的文凭，更注重劳动者胜任职业岗位的能力，职业技术学（院）校、技工学校毕业生就业率往往比其他大、中专院校要高。盲目攀比，只会造成"高不成，低不就"的境况。

（三）兴趣原则

兴趣是最好的老师。在考虑社会需求的前提下，在自己能够胜任的职业中，应当兼顾自己的兴趣爱好，只有对从事的职业产生兴趣，才能将兴趣激发为敬业精神，从而有所创造、有所成就。

（四）独立原则

一个人在一生中，不论是在家庭，还是走向社会，总是要接触不同的人和事，总是要进行不断的交流、沟通，接受千变万化的事物，听取各方的意见，有的可能对你一生的发展有很大帮助，有的可能会导致你受到挫折或失败。因此，对来自不同方面的意见或建议，要仔细分析利弊，不要盲目听从。只要是自己认准的路，就要坚定地走下去。

（五）特长原则

人与人之间，既有共性也有个性，各人有所长也有所短。美国著名的职业指导专家霍兰德把人格类型分为现实型、研究型、艺术型、社会型、管理型、常规型六种。虽然各人所属类型不同，但在整个社会职业中都各具有优势和特长。因此，在选择职业时，应充分考虑自己的特长，扬长避短，最大程度地发挥自己的优势。

（六）发展原则

职业不仅是谋生的手段，也是发展自我、实现人生价值、服务社会的途径。发展是一个过程，任何事物的发展总是由初级向高级发展，由单一向全面发展，绝不能一蹴而就。在选择职业时，既不能期望过高，也不能急于求成。要把个性发展与职业发展结合起来，把个人发展与团体发展结合起来，综合考虑各种因素，才能实现自己美好的愿望。

二、职业选择策略

职业选择是一个双向的过程，它既包含求职者对职业岗位的选择，也包含职业岗位对求职者的选择。个体并不能完全凭自己的意愿来选择职业，还要考虑其他条件，如就职条件、就业机会等。因此，个体在选择职业前需要了解有关职业的具体情况——工作内容、资格条件、工资收入、将来发展以及目前的需求状况等，并做好有关就职准备和职业生活的适应等准备，尽量实现职业岗位与求职者之间的最佳匹配。

在职业选择过程中，人们通常会运用四种职业选择策略，它们分别是试探性策略、以专业为重点的策略、以职业为重点的策略和稳定性策略。

（一）试探性策略

这是"先就业、后择业、后创业"的模式。当人们刚刚进入职场或开始一项新的工作时，往往会对所选择的新工作或新环境缺乏把握，此时可以采用试探性策略，即通过一段时间的具体工作，看看这项工作内容或工作环境自己能否适应或胜任，然后再决定是否需要全身心地投入。试探性策略只是帮助人们在多种职业中选择一份较为理想的工作，这种策略是暂时性的试探，是一种尝试，如利用空闲时间去打工或兼职，或在某一段时间里临时从事某项工作。通过试探，人们可以了解自己在某一领域或某一方面的工作能力或工作兴趣以及所能取得的成绩，然后根据自己的体会作出决定——是继续从事该工作还是去尝试其他工作。

采用这种策略最好是在大学就读期间以实习或兼职的形式进行。如果已经参加了工作，则建议采用该策略的时间不宜过久，所选的行业或领域不要跨越太大，跳槽不要太频繁，以免对今后的求职或职业发展产生不利的影响。同时，跳槽太多也直接影响你和企业的关系。你不安心工作，企业就不会委以重任，甚至根本就不会聘用你。

（二）以专业为重点的策略

人们在选择职业时说的"专业对口"，指的就是这种择业策略，即寻求与求职者所具有的专业知识、技能、经验有直接联系的工作、职业。这是以工作本身的内容、性质为中心的职业选择策略。采用这种策略的人，通常都学习过一定的专业知识和技能，接受过一定的职业训练。他们在接受教育培训之前，一般对所要学习的专业内容有一定的了解或兴趣，或者在学习过程中逐步形成了对该知识或技能的偏好或经验。在选择职业时，他们基本上已经有了明确的职业目标、足够的兴趣和自信，以及必要的知识和心理准备。

采用此策略的求职者，在选择企业或单位时，除了要专业对口，还要考虑该企业所能提供的发展机会和发展空间。

（三）以职业为重点的策略

现在许多大学生在择业时"非外企不去、非世界 500 强不入"，这种观念就是基于以职业为重点的择业策略。这是由于个人无论从事何种职业，一般都需要依托一定的单位，就是相同的职业在不同的企业或单位，也可能会有不同的工作条件、不同的工作机会、不同的工作环境和气氛、不同的待遇、不同的发展机会和不同的成就。人们意识到了这些不同，因此在选择职业和企业时，往往会将职业单位作为首要或者主要的着眼点而作出择业决定。

值得注意的是，由于不同企业有各自不同的管理理念和企业文化，所能提供的职业发展机会也各不相同，它们各有其优势和不足，因此个人在选择时要结合本人的具体情况，考虑是否能够适应该企业的管理理念和企业文化，自己在该企业可能获得的发展机会和发展空间等因素。

（四）稳定性策略

对于职业的稳定性，不同的人有不同的看法：有人不喜欢流动性强、四处奔波的职业，喜欢有规律的、按部就班的工作；有人则觉得只要能够在工作地位、待遇等方面有较为稳定的保障，可以安安稳稳地工作和生活就是一种稳定的职业；还有人则认为某些职业领域的知识要求和素质水平不断更新会使他感到紧张、疲惫和有压力，希望能够避免这种情况，因此会选择在知识更新比较缓慢的领域工作。

稳定和变化是一个相对的概念，尤其是在我国市场经济的大环境下，企业要随着市场需求的变化进行不断的调整和变革，个人作为企业的成员也需要及时跟上企业发展的步伐，不断充实自己、完善自己，只有这样才能够使自己在企业中始终处于一种比较稳定的状态。

职业选择的策略并不是独立存在的，而是相互影响、相互作用的。在选择职业时，需根据实际情况灵活运用。正如管理大师彼得·德鲁克所说："对你而言，你所做的工作选择是正确的概率大约是百万分之一。如果你认为你的第一个选择是正确的话，那么就表明你是十分懒惰的。"因此，一个人必须通过大量地、不断地搜寻和转变，才可能发现一条从心理上和经济上都令其满意的职业发展道路。

三、选择职业的途径

选择职业生涯的途径，即一个人走上职业岗位的具体道路，它是实现职业选择的渠道。在不同文明程度与不同管理体制的社会中，生涯选择途径也有所不同。总的来看，主要有以下六种途径。

（一）自然继承型

这种类型一般是出身于农民、小手工业者、工匠等家庭的青年所走的路，属于小生产家庭经济的繁衍。家庭成员是一个人职业意向成长的重要因素，在以家庭为劳动组织的环境中成长的人，长年累月的耳濡目染，其职业信息、职业知识、价值观以及"子承父业"的思想惯性难以在市场上竞争。因此该类人就业往往采取自然继承父业、在家庭中就业的方式。在社会经济结构大变革时期，该类家庭背景的青年往往不甘心子承父业，倾向于到社会中寻求职业机会，以实现向上的流动。

（二）劳动市场就业型

劳动市场从本质上讲，是一种社会经济机制，具有平等竞争、供需见面、双向选择的社会环境特征。各类层次的人都可以在公立、私立职业介绍所选择职业。此外，组织招收员工的广告也给人们提供职业需求信息，供人们前去投考、应聘，这是劳动市场的特殊形式。

（三）亲友介绍型

成年人都有自己的人际交往圈，当其作为择业阶段的青年人的父兄长辈时，往往会对这些青年的职业生涯有所帮助。比如对青年的职业生涯方向进行指导，为青年谋求职业出主意想办法、到处奔走等。

在中国这样的熟人社会中，该类型更为普遍，并且仍然是现代社会中人们就业的重要途径。从具有职业需求的单位来看，在技术竞争、人才流动剧烈的情况下，亲友介绍人来就业是员工能够稳定和尽责的一种方法。例如，IBM组织招收新雇员，就采取由本组织雇员介绍的办法。

（四）社会分配型

计划经济、行政分配是我国沿袭了几十年的就业做法。个人是被动的，择业权很小。目前只在复员军人就业这一很小的部分保留着这种做法。

（五）个人谋生型

这是体现个人择业权利的就业途径，当然，择业权利和就业风险是并存的。采取个人谋生途径的择业人员，有的是因为劳动市场中缺乏就业机会，只好自己到处寻求职业；有的是自己的择业意向较高，不屑于社会提供的现有职业岗位。不论是前者还是后者，在我国目前情况下，个人谋生型有扩大的趋势。

（六）社会选择型

一个社会为了获得优秀的人才，往往采取不同的形式从众多的社会成员中选拔其中的优异者。我国现行的公务员录用制、博士研究生招考制、局级干部的考试录用制、企事业单位经营者和专业技术人员的社会招聘制均属于社会选择型。这种类型不仅有利于充分调动社会资源，或者是从社会资源中进行充分筛选，而且有利于社会公平，有利于塑造积极、良性的社会群体。

四、适应环境，挑战自我

个人的力量是有限的，因此，人必须去适应环境，按照客观规律办事，如遵守职场上的选拔规则、竞争规则等。大学生刚刚迈出校园，在择业时肯定会遇到很多意想不到的困难，如今的择业多是一种双向选择，选择的机会多了，但不确定性和风险也增大了。不可否认，有些企业单位在招聘员工时看关系、走后门、凭感情，但多数单位为了在市场竞争中占领有利地位，求贤若渴，珍惜人才，有真才实学的人还是深受市场的欢迎和追捧，因此，职场上大部分的选拔规则是客观、公正、公平的，我们只能遵守这些游戏规则进行竞争。

当然，人又是有主观能动性的，不是被动地接受规则、适应环境，而是主动去迎接挑战。一般来说，人的聪明也许是天生的，机遇确实也很难得，但是成功人士有一个共同的特点，那就是勤奋。每一个初入职场的大学生，都应当努力去应对各种挑战。

第三节　大学生初次择业的相关问题

本节将针对大学生初次就业的实际情况，帮助大学生研究就业市场情况，掌握就业信息，确定就业方向，准备应聘材料，从容应对笔试和面试，找到理想工作，开始职业人生。

一、了解社会职业分类

初次择业，首先要了解社会职业到底有哪些。社会分工是职业分类的依据。在分工体系的每一个环节上，劳动对象、劳动工具以及劳动的支出形式都有其特殊性，这种特殊性决定了各种职业之间的区别。

（一）西方国家的职业分类

1.按脑力劳动和体力劳动的性质、层次进行分类

这种分类方法把工作人员划分为白领工作人员和蓝领工作人员两大类。白领工作人员：专业性和技术性的工作，农场以外的经理和行政管理人员、销售人员、办公室人员。蓝领工作人员：手工艺及类似的工人、非运输性的技工、运输装置机工人、农场以外的工人、服务性行业工人。这种分类方法明显地表现出职业的等级性。

2.按心理的个别差异进行分类

这种分类方法根据美国著名职业指导专家霍兰德创立的"人格—职业"类型

匹配理论，把人格类型划分为六种，即现实型、调研型、艺术型、社会型、企业型和常规型。与其相对应的是六种职业类型。

3.依据各个职业的主要职责或"从事的工作"进行分类

这种分类方法较为普遍，以两种代表示例。其一是国际标准职业分类。1988年版《国际标准职业分类》把职业由粗至细分为四个层次，即大类、小类、细类、职业项目。其中大类有10个：①立法者、高级官员和管理人员；②专业人员；③技术和辅助专业人员；④职员；⑤服务人员和商店与市场销售人员；⑥农业和水产技术工作者；⑦手（工）艺人和有关行业的工人；⑧设备与机械的操作工和装配工；⑨简单劳动职业者；⑩军队。这种分类方法便于提高国际间职业统计资料的可比性和国际交流。其二是加拿大《职业岗位分类词典》的分类。它把分属于国民经济中主要行业的职业划分为23个主类，主类下分81个子类，499个细类，7500多个职业。此种分类对每种职业都有定义，逐一说明了各种职业的内容及从业人员在普通教育程度、职业培训、能力倾向、兴趣、性格以及体质等方面的要求，有较大的参考价值。

（二）我国的职业分类

《中华人民共和国职业分类大典》编制工作于1995年年初启动，历时4年，1999年初通过审定，1999年5月正式颁布。《中华人民共和国职业分类大典》将我国职业归为8个大类，66个中类，413个小类，1838个细类（职业）。8个大类分别如下。

第一大类：国家机关、党群组织、企业、事业单位负责人，其中包括5个中类，16个小类，25个细类。

第二大类：专业技术人员，其中包括14个中类，115个小类，379个细类。

第三大类：办事人员和有关人员，其中包括4个中类，12个小类，45个细类。

第四大类：商业、服务业人员，其中包括8个中类，43个小类，147个细类。

第五大类：农、林、牧、渔、水利业生产人员，其中包括6个中类，30个小类，121个细类。

第六大类：生产、运输设备操作人员及有关人员，其中包括27个中类，195个小类，1119个细类。

第七大类：军人，其中包括 1 个中类，1 个小类，1 个细类。

第八大类：不便分类的其他从业人员，其中包括 1 个中类，1 个小类，1 个细类。

二、了解社会人才需求

职业选择还需考虑社会需求。社会对人才的需求源于两个方面，一种是既有的需求，我们可以看到前人已经在这个职业领域奋斗；另一种是新生的需求。既有的需求需要从以下三个方面进行分析。

首先是人力资源供求关系处于什么状况，是供大于求、供不应求、还是基本平衡？这种判断基于当前，却要着眼于未来的趋势，需要一定的预测。比如药剂师职业、物流职业都属于短缺职业，未来几年基本是供不应求，属于可以进入的行业。

其次是人力资源的供给结构是否合理，某些行业因为待遇、传统地位等原因受到人们的青睐，高学历、高层次人才云集，供给结构存在普遍的高才低配现象，比如硕士生进高等学校从事一般教员的工作，这样的行业一般要回避。也有些行业因为历史的原因，未能培养专业化的人才，或者现在面临专业化的转型需求，需要人力资源的升级换代。前几年"人力资源管理专业"人员的短缺就属于这种类型，从人事工作向人力资源工作的转型带来了大量的发展机会，许多从事教育工作、企业管理工作、法律工作的人进入了这一领域并获得了成功。但是现在转行进入该职业有较高的专业门槛。目前还可以进入的类似职业包括基础教育、物业管理、饭店管理等。

再次是进入这个行业的机会与成本。除了上述供求关系、结构问题之外，还要分析自己可以进入这个行业的资源，比如合适的人际关系资源。成本问题也很重要，比如进入酒店行业之后，短期内要适应酒店行业的"圈子文化"，要与操作层面的员工打成一片，你能否接受这种改变？选择那些人才稀缺的地方，才能有更多脱颖而出的机会，才能使你的价值放大，收到更大的人力资本使用效益。

新生的需求，包括人数还比较稀少的和作为首创者的。随着人类生活水平越来越高、需求越来越多，社会上的职业门类也越来越多，还有许多职业正在酝酿中。其中有的是原有职业的发展和变异，比如驾驶陪练、家庭心理咨询师等；有的是新生的，比如证券上市保荐人代表、拓展教练、飞行教练、汽车代驾、电子游戏程序开发员等。

三、对职业的发展前景进行预测

初次择业时，职业的发展前景是非常值得我们考虑的因素。职业发展前景好，发展空间便大，个人也就更具有向上的潜力。2017年，我国发展前景较好、职业排名前十二的是：电脑软件、电子通信、生物工程技术、建筑工程、农业科技、高级策划、环保科技、律师、国际贸易、教师、财会类、医疗保健。

职业的发展前景是否良好，一个尺度是职业潜力，一个尺度是职业声望，一个尺度是职业收入，这是一个综合的考量。

四、收集和分析就业信息

大学生求职择业不仅取决于个人素质、国家经济形势和社会等诸多因素，也取决于就业信息，尤其是在大学生分配就业制度由原来的"统包统配"模式向"双向选择"、最终实行"自主择业"模式转换的情况下，收集和分析就业信息就显得更为重要。就业信息可以帮助你确定择业去向，帮助你选择工作单位。可以说，信息是择业的基础，是走向用人单位的桥梁。谁获得了就业信息，谁就获得了就业主动权；谁收集的就业信息越多，谁择业的范围就越大，谁就更能主动地掌握自己的命运。大学生可以通过以下途径获取就业信息。

（1）国家和地方就业指导部门或人才交流中心的信息；

（2）各地人才市场的人才交流会；

（3）学校就业指导部门和毕业生供需见面会；

（4）招聘广告与媒体、网络信息；

（5）实习单位和个人社会关系网络。

五、筛选适合自己的信息，确定求职方向

过多的信息使人无所适从。大学生对于收集到的需求信息，应该结合自己的实际情况，加以筛选处理，去粗取精，去伪存真，有目的、有针对性地进行排列、整理和分析，只有这样才能使需求信息具有准确性、科学性和有效性，使之更好地为自己的谋职服务。

（一）定性、定量、定时分析

所谓的定性分析是指对信息进行质的分析。如分析就业信息的条件、岗位特点、招聘对象等。假如招聘广告的条件之一是要求硕士以上学历，这条信息对大学本科和专科生来说就没有实际意义。定量分析是从数量关系上对就业信息进行分析，如某一职业岗位所需人数与应聘人数之间的关系。定时分析是对一定时间内的就业信息发展趋势进行分析，如有效时间等。

（二）就业信息的科学筛选

在筛选过程中要注意以下几点：①掌握重点。信息可以全面收集，但在比较筛选之后，要把那些从"小道"得来的或几经转达而来的信息与经证实的信息、有根据的信息区别开来。前者有待进一步证实，后者则应重点选出、标明注意留存，并付诸实施。②善于对比。当你从不同的渠道收集到大量的需求信息后，可用对比鉴别的办法，来识别其真伪，去伪存真。③善于多问。当你收集到一些需求信息后，为了弄清楚信息的可靠程度，应当通过各种办法，通过有关知情人士去证实澄清，以确定信息的可靠程度。④了解全面。对于重要的信息要顺藤摸瓜，寻根究底，以求了解透彻，不能一知半解。要全面掌握情况，全面了解信息的中心内容。⑤避免盲从。获取用人单位信息以后，不能一味盲从，认为亲友老师告诉你的信息就一定可靠或报刊上传播的信息就肯定没有问题。事实上，即使是准确的信息，也有时效问题，绝不能未经过筛选就轻率地作出抉择，影响甚至耽误自己的谋职择业。同时，要注意克服人云亦云、依赖他人、缺乏主见的弱点。⑥适合自己。首先对自己应有一个全面准确的评价，对得来的一切信息都要对照衡量一下，看看是否适合自己。千万不要好高骛远，挑选不适合自己发展的工作岗位。

（三）就业信息的鉴别

就业信息鉴别的目的主要是辨别其真伪及可靠性、实用价值等，鉴别的对象主要是前面阶段加工整理出的资料。通常从以下几个方面进行：①真实性。这是就业信息是否可靠的基本前提。了解其真伪，一定要弄清楚信息来源于何处，是谁提供的，提供者的依据是什么。②权威性。判断就业信息权威性的方法：了解就业信息的来源与质量；掌握信息提供者的背景；比较同类信息的深度。如从政府部门来的就业信息，人事部门最有权威；从学校来的信息，毕业生分配（或就业指导）办公室最有发言权。③相对性。任何就业信息都是在一定的时间地点下产生的，而事物又在不断地变化发展，今天有用的就业信息，明天就有可能没有任何价值，因为岗位可能被他人抢先占据。所以，应注意就业信息的相对性，避免产生静止的、片面的结论。就业信息是动态的信息，它有一定的时效性。④适用性。搜集就业信息的就是为自己找一个合适的岗位。如果自己是男生，那么只招女生的广告对自己就没有价值，不论其他条件多么适合也不适用于自己。

六、求职

求职是职业生涯的重要一步。好的开始是成功的一半。大学生应提前为求职做好精心准备。

（一）应聘材料

在应聘求职时，第一个步骤就是向招聘单位递交自己的应聘材料。应聘材料对你以后的应聘成败起着不可低估的作用。很多公司就是根据应聘材料的内容来决定是否给你面试的机会。虽然现在应届毕业生的应聘材料越来越厚，但并不是都能让招聘单位满意。应聘材料包括简历、自荐信和求职申请表三部分。

1.简历

个人简历是大学生求职必备的重要文件，在此，我们分为简历的基本要素、简历设计六项原则、简历设计与制作的方法三部分进行叙述。

第一，简历的基本要素。一般来讲，简历内容应包括"本人基本情况""学习经历""实践、工作经历""能力、性格评价""求职意向""联系方式"等基本要素。

（1）本人基本情况：包括姓名、年龄（出生年月）、性别、籍贯、民族、学历、学位、政治面貌、学校、专业、毕业时间等。

（2）学习经历：主要是个人从高中至就业前所获最高学历的经历，应该前后年月相接。主要列出大学阶段的主修、辅修与选修课科目及成绩，尤其是要体现与所谋求的职位有关的教育科目、专业知识，使毕业生的学历、知识结构与用人单位的招聘条件吻合。

（3）实践、工作经历：主要应突出大学阶段所担任的学生工作、职务，在各种实习中承担的工作，参加的社会实践项目、大学生科技创新项目等。对于参加过工作的研究生，要突出自己在原先岗位上的业绩。

（4）能力、性格评价：这一项介绍要恰如其分，尽可能使毕业生的专长、兴趣、性格与所谋求的职业特点、要求相吻合。"学习经历""实践、工作经历"应能表明个人的能力、性格。因此，前后一定要相互照应。可用第三人称写作，这样在强调自己的成就时不会显得自吹自擂。这是最标准的引荐方式，也能增加内容的权威性。

（5）求职意向：简短清晰，要表达本人对哪些岗位、行业感兴趣及相关要求，切实表明对工作的期望。

（6）联系方式：一定要清楚地写明本人的通讯地址、区号、电话号码和E-mail地址等。

（7）备注：其他重要或需特殊注明的经历、事项等。附上有关证明文件，必要时加上中外文对照。

第二，一份卓有成效的求职简历，其设计主要遵循以下六条重要原则。

（1）重点突出、简明扼要

求职者应以工作目标为重点，根据企业和职位的要求，事先进行必要的分析，巧妙突出自己的优势，有针对性地设计简历。如果盲目地将自己描写成一个适合所有职位的求职者，很可能将无法在求职竞争中胜出。研究表明，招聘者平均花1.4分钟在每份简历中，一般只会浏览一页半的材料，过长的简历是毫无作用的。另外，招聘者会注意一些硬性指标，如英语水平证书、计算机水平证书、学校名声、专业背景、在校成绩等。而这些在招聘要求中常不特别注明，但求职者应当把它们列清楚。

（2）广告效应、鲜活有力

将个人简历视为一个"广告"，版面设计要美观又富有个性，色调统一中有变化，使面试者获得真正的"第一印象"。毕业生可根据自己的个性才能，做出一些创意作品，这可使简历增加一些现代气息，更有"广告"效应。"广告"通常要求简短且富有感召力，可运用动作性短语使语言鲜活有力，还可使用有影响

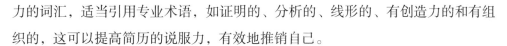

力的词汇，适当引用专业术语，如证明的、分析的、线形的、有创造力的和有组织的，这可以提高简历的说服力，有效地推销自己。

（3）诚恳谦虚、自信礼貌

行文中所表现出的语气，要做到诚恳、谦虚、自信、礼貌。这样会令招聘者对毕业生的人品和素质留下良好的印象。现在越来越多的企业在重视技能和学历的同时，也很重视一个人的品行、开拓与团队合作精神等。倘若在众多高学历应聘者的激烈竞争中，这些非技能性的因素更加凸显，常常会使求职者脱颖而出。

（4）开门见山、目标明确

开门见山地介绍自己，把个人情况表放到最前面是最简洁的做法。目标陈述要明确有力。目标含糊不清或根本没有目标的简历意味着求职者自己也没有明确的方向，自己也不确定想要从事什么样的工作，这样，期望公司能帮求职者找到合适的位置是不实际的。

（5）强调实践、注重技能

仅有漂亮的外表而无内容的简历是不会吸引人的，招聘工作人员想要的是证明毕业生实力的证据，所以要强调实践经历和职业技能，列出与求职有关的所有技能，展现学历以外的实践经历。

（6）避免花哨、注意细节

避免使用稀奇古怪的词汇以及排版或引用材料生僻、花哨，过于标新立异。不要使用拗口的语句和生僻的字词，不要有错字、别字、病句及文理欠通顺的现象发生。外文要特别注意不要出现拼写和语法错误，一般招聘人员考察应聘者的外语能力就是从一份履历开始的。要注意细节，如用圆括号括起电话号码的区号，使阅读者便于区分电话号码；电子邮件地址和网址分行排列便于识别，两者并列时应该间隔多个空格。

第三，求职简历设计与制作的方法。简历设计与制作受各种要求和条件的制约，而毕业生正是把这些条件和要求变为诱发独特形式和创意的依据。下面扼要地谈谈简历设计与制作的方法。

（1）收集材料

个人基本情况、标准照片、相关实践照片、主修、辅修与选修课科目及成绩单，学校推荐表，学校情况及专业介绍，毕业证，各类资格证、合格证，各类获奖证书和专业作品等，扫描成可供电脑编辑使用的格式。在充分收集和占有资料的基础上进行素材提炼、加工。

（2）根据目标组织文案

目标陈述必须包括以下重要信息：应聘的公司名称、职位和自己拥有的最有利的、与工作有关的技能。例如，指出自己寻找某某公司中的某某职务，可以充分展现自己的实践技能，可以充分发挥本人的教育和工作经验等。列写教育程度应列举所受的相关教育和培训。持续的学习和多次培训说明毕业生对该行业、职位的追求。列写实践目录应把所做过的社会实践、兼职有选择地列出来，最好与你现在所应聘的职位有一定的关系。例如，你可以说明你从事过的与应聘有关的某项工作的工作情况，包括公司名称、时间和职位，并描述所从事工作的成就、超额完成任务情况、为公司节约情况或为公司新产品所做的宣传、组织的某些活动等。有条件的可以采用数字、表格说明，数字表达总是很有说服力的。

（3）根据目标筛选材料

根据目标筛选相关材料（图片）佐证文案，把有关联的东西组织在一起并使其更吸引人，删去那些与求职无关的内容。一般来说，对于不同的企业、不同的职位、不同的要求，求职者应当事先进行必要的分析，有针对性地做适当的筛选。盲目地罗列所有材料，效果会大打折扣。

（4）版面设计

"突出个性、与众不同"是大学生毕业求职简历成功的法宝。一份好的简历，除了要有好的内容之外，版面设计也是非常重要的因素，是真正的"第一印象"。简历的版面设计，要板块清晰、脉络分明、主旨突出、清新美观，色调统一中要有变化。在新颖性、美观性、专业性、吸引力等方面巧显个性。在总的设计策划和设计思路下，应运用多样统一、对比和谐、对称与均衡、节奏与韵律等形式美原理，对内容和设计元素进行整理加工，寻找适合的组合形式，为主题表现寻找恰当的定位。这里既要用合理的视觉流程方式（位置关系流程、形象关系流程、重心诱导流程、导向诉求流程等）组织版面构成的元素，又要运用艺术的形象思维和感觉去捕捉开发适合于主题和内容的形式创意。结构安排要合理，内容精确，

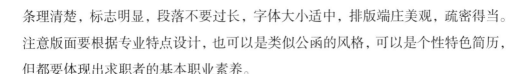

条理清楚，标志明显，段落不要过长，字体大小适中，排版端庄美观，疏密得当。注意版面要根据专业特点设计，也可以是类似公函的风格，可以是个性特色简历，但都要体现出求职者的基本职业素养。

（5）制作打样

在确定设计稿后即可进行正稿的制作。印前必须再次进行认真的审定，并打印成样稿进行校对。除了校对图、文外，还要与原来的实样进行比较，看设计是否与原设想和定位目标一致，设计是否达到了预期目的，并考虑黑白稿、彩色稿的效果，最后才印成正稿。

（6）充实更新

毕业求职简历的设计与制作，应在毕业前早作准备，有条件的话可请专业人员来帮忙，让简历设计与制作更好；同时应注意多收集本校、其他院校的求职简历加以研究，看看他们如何成为"纸上英雄"；还应不断更新求职简历，以适应求职时的针对性和实用性。

当前还出现一些有特色的"个性简历"。例如视频简历，即求职者事先将自己的言谈举止用摄像机拍摄下来，然后刻在光盘上，招聘人员只需把光盘放入电脑内，就可以看到应聘者的求职演说、特长表演等。又如网页简历，即求职者将自己的简历做成一个网页，上有个人成绩单、发表的论文、个人在大学学习、科研活动的相片和介绍等。又如写真简历，将个人精美的相片组成写真简历，对于有相貌要求的职业求职还是有一定的作用的。还有标新立异的卡通简历，把自己设计成各种卡通形象，介绍个人的经历、特长、抱负等。以上这些，大学生在求职时可以选用。

英文简历也是当前求职中常用的资料。英文简历一般包括个人资料（Personal Data）、联系方式（Contact Information）、求职目标（Objective）、教育背景（Education）、工作经历（Experience）、荣誉和奖励（Honors and Awards）、业余爱好（Hobbies）和其他情况（Other）。

大学生不能等到毕业的时候才写简历，要在刚入校门时就为自己的简历谱写历史。学好每一门课，积极参加本科生科研创新活动，要利用每一个机会，不断地增加自己简历的分量，给自己的简历添砖加瓦。

2. 自荐信

自荐信是针对不同用人单位的要求而特意撰写的介绍自己的书信文字材料，是对个人简历的进一步说明与文字补充。应做到开门见山，表达明确；措辞恳切，言之有物；语言练达，用词准确；文风朴实，突出重点。自荐信通常使用电脑打印的文稿，但如果毕业生字写得不错，可手书一篇工整漂亮、简短的自荐信，效果会更好。

3. 求职申请表

求职申请表是用人单位要求应聘者填写的统一印制的表格，是对个人素质和能力的特别考察。如对事业、人生的态度；处理问题的方法；职业目标；胜任能力；进本单位的原因。要做到切题回答，观点明确；中肯扼要，客观具体；岗位选择，兼顾其他；字迹工整，卷面清洁；自留底稿，以备面试。

从总体上讲，一份好的应聘材料，应该符合准确、完整和诚实三个要求。

（1）准确

不必在应聘材料的首页费尽心思地做一些图片，但要有准确地反映出应聘者的基本信息，这样有助于招聘单位对材料整理、分类。这些基本信息包括学校名称、所在学院名称、所在系名称、专业名称、学历、毕业类型（统分、委培等）、性别、姓名、出生年月日、生源所在地、应聘职位和联系方式（电话、电子邮件等）。有些应聘者不注明专业名称、应聘职位或联系方式，以至招聘单位无法安排面试。

（2）完整

一份完整的材料应该包括以下内容：基本信息（在前面有详细描述），个人简历、成绩单、资格证书复印件（英语等级证书、计算机等级证书等）、学校推荐信、其他课外活动或科技成果清单、个人特长介绍、其他希望说明的信息。其中，基本信息、成绩单、资格证书复印件是必备材料。另外，对于在应聘材料中提供了复印件的证件，在面试时要携带原件。另外，像"自己有几本什么样的藏书"、学校介绍等内容，就不必写在应聘材料中。

（3）诚实

诚实是应聘材料中最大的问题。一些毕业生由于成绩不好或其他原因，在材料中提供虚假的信息，或采用一些含糊其辞的写法希望蒙混过关，这些都是不可取的。例如，某些毕业生认为自己的专业不理想或其他原因，喜欢隐藏这些基本信息，这样只会影响招聘单位安排面试，并且让招聘单位对其产生不诚实的感觉。最常见的不诚实体现在学习成绩方面，有的毕业生擅自更改自己的学习成绩，或者只把成绩高的课程写到材料中。对于前者，只要招聘单位与学校进行核对，问题很快就会被发现。像篡改成绩这种不诚实情况，即便已经签署了毕业生就业协议，招聘单位也可以随时将学生退回（这种事情在各个学校每年都有发生）。其次，不诚实还体现在社会实践和个人特长上。一些毕业生认为社会实践不好调查，自己可以随便写一些。实际上，在面试时，面试者只需要进行一些提问，就知道你是否诚实。有些应聘软件开发方面的毕业生，为了证明自己在这方面的特长，会说自己曾经做过什么项目，甚至可以拿出开发的成品。在这些学生中，有一部分确实有真才实干，但还有一部分是在夸大其词。实际上，一个人的真实水平，一般都可以通过专业面试判断出来。

（二）书面考试

书面考试主要是对应聘者的知识、能力、专业进行测评。书面考试的特点是操作简便、成本低、较公平、易量化、可比较。考察内容主要是语言能力、专业知识、专业技能、综合能力和心理能力。书面考试要求应聘者反应快，应变快。

如公务员考试是测量胜任国家公务人员所必须具备的素质和能力。笔试内容涵盖语文、数学、心理测试等各科知识，内容多、题量大，要求考生具备快速反应能力。应届毕业生参加的公务员考试分为"行政职业能力测验"和"申论"两个科目。

行政职业能力测验的考试结构包括言语理解与表达、常识判断（侧重法律知识运用）、数量关系、判断推理和资料分析五个部分。时限120分钟，满分为100分。申论主要通过应考者对给定材料的分析、概括、提炼、加工，测查应考者解决实际问题的能力，以及阅读理解能力、综合分析能力、提出问题能力和文字表达能力。考试时限150分钟，满分为100分。

申论通常考查考生对应急事件的处理，例如面临事故、火灾、水灾等突发事件，作为公务员应如何面对媒体，如何面对受灾的民众，如何采取措施减少灾害的损失等。现实发生的一些事件反映公务员对应急情况的处置能力很差，例如，长江大学三名大学生因救落水儿童牺牲，但是当地公安等部门在处理这些事件时反应迟钝，对媒体如何解释、对遗体如何处理、对当事人亲友如何安抚、对事件如何亡羊补牢、防止类似事件发生等，都做得不尽如人意，引起了公众不满。还有郑州市规划局副局长逯军居然对媒体说"你是要为群众说话，还是要为党说话"这样的混话，让人感到政府与人民、党与人民利益相违背。这种人如何当好公务员？因此，应通过申论考察应聘者的基本素质。

大学生在准备书面考试时，应注重举一反三，知己知彼，才能胸有成竹，获得成功。

（三）面试

面试是用人单位安排的对求职者的当面考试，是选聘人才的重要方法和步骤，它比笔试具有更大的灵活性和综合性。面试一般通过招聘方精心设计，以交流、观察为主要手段，对应聘者素质及能力等进行当面测试，以检验笔试结果，对是否录用作初步判断。特点是提高考察的深度、广度，更好地观察应变能力。考察内容主要是语言表达、判断能力、沟通能力、自控能力、能力倾向、礼仪风度等。以下我们按面试的准备、面试的典型问题和应对方法、面试的评分办法进行叙述。

1. 面试的准备

参加各类面试时，如果你想有出色的表现，可以按以下六个步骤进行准备。第一步：对用人单位情况及面试过程进行调查研究。要对面试进行准备，首先应该对用人单位和将要对你进行面试的人的情况以及面试过程做一些调查研究。某单位一旦约定与你见面，你就应该马上进行准备。询问当天对你进行面试的人员的有关情况，还要询问一些其他情况：面试那一天是怎样安排的？将与谁见面？索取可能提供给你的任何说明材料（你以前未曾看过）。一般来说，你欲谋职的那个单位会有份面试安排表，并会把对你进行面试的程序和人员的名字附上，因此，你最好拿到这份安排表。你还应该取得包括对你进行面试的人的情况（姓名、电话号码等）、面试的确切地点和第一次面试的内容、时间及面试的方式，还可以通过公司网页和其他文字介绍了解公司的经营方针、经营理念、公司主要领导、公司最近的经营情况、公司组织结构、公司经营范围、公司文化等信息。这些信息掌握得越清楚，你面试成功的可能性就越大。

第二步：研究你的能力与招聘单位要求的相符合之处。认真阅读你所收集到的所有信息并牢记它们。分析你自己的能力、特长与工作要求相适应的部分。参加面试时，尽量显示你的专业知识、工作技能可以适应公司的某一职位、履行工作职责，并表达你希望进入该公司工作的愿望。

第三步：准备一系列问题，向面试者请教。面试时，考官也会让求职者提一些问题，如果你提不出什么问题，或提的问题很肤浅，说明你对本公司并非十分在意，或者了解不深。因此，你可以询问有关用人单位提供的职业学习、技能提高以及继续深造机会等问题。你也可以请求面试者解释一下本单位成功的准则。

第四步：对可能遇到的问题进行准备。准备得越充分，你就越有可能圆满地回答问题。应随时准备回答一些难题，如"你对我们这一行业的情况有多深的了解""你以前的上司对你个人的最大优点和最大的缺点是如何评价的"等。

第五步：大声朗读你所准备的问题的答案。俗话说熟能生巧。一旦掌握了那些可能提出的问题，就应把问题的答案快速记下。然后用录音把答案录下来，并反复大声朗读。请一位朋友或你的导师，或你的求职顾问，来给你进行一次"模拟面试"。请他们对你的表现进行评价，例如，你对问题的回答如何，你给他们留下了什么样的印象等。

第六步：面试时，努力表现自己。你在面试时如何表现自己，这与你能否得到这份工作有很大的关系。请牢记以下几点：应聘者在面试中要做到落落大方，干练整洁；按时赴约，证照齐全；独立作答，随机应变；主动沟通，不卑不亢。

2.面试的典型问题及应对方法

面试官向你提问的每一个问题肯定都有一定的考察目的。例如，考察你的价值观是否与组织的价值观相一致；考察你是否忠于组织，忠于职守；考察你的沟通能力；考察你为人处世能力、团队精神等。因此，不要就事论事，要针对考察的目的来回答问题，让考官得到满意的回答，争取获得较高的评分。

（1）背景性问题

背景性问题主要是对求职者进行初步了解，也是对求职者的口头表达能力、举止等的考察。例如，"请你作一下自我介绍""请讲讲你应聘职位的优势"等。

这个环节是求职者把个人的特点、优势展示在考官面前的机会，因此，要把简历中重要的信息，针对目前应聘的职位作出简要说明，注意说话的条理、语气，掌握发言的时间。发言时坐姿端正，不要有多余的小动作，避免口头禅。

（2）品性问题

品性问题主要考察求职者的道德品质、责任心、纪律性、团队精神等。例如，你认为一个人最重要的品质是什么，你是否"受人之托，忠人之事"，你完成不了工作任务如何处理，你对规章制度的看法是什么，你愿意和什么人共事、交朋友，和别人有矛盾时怎么办。当然，这要表现出你真诚、诚实，守信用，遵纪守法，团结同事，服从领导，努力完成工作任务等积极的方面。

（3）意愿性问题

求职者意愿性的问题主要在于考察求职者的求职动机是否与拟任职位相匹配，以及你的生活态度和职业抱负等。例如，"你为什么选择本公司""你希望薪水是多少""谈谈你的职业规划以及工作目标"等。回答此类问题时你应对该行业、企业、岗位有所了解，薪水问题一般不好主动问，因为一般来说公司有规定或劳动市场有一定的参照标准，起薪点一般并非根据此时商议而定，但考官问起薪水问题，他也许是想知道你对金钱的态度，你可以根据所了解的情况如实作答。

（4）压力性问题

压力性问题主要考察求职者面对逆境时情绪是否稳定，思维是否有逻辑性、条理性。有些问题会让人尴尬、左右为难，有些故意把空调开很低或很高，观察面试者在不利环境下的表现。例如，"谈一下你失败的经历""你是大学生没有工作经验如何胜任工作""工作十分艰苦你如何应对""你好像不太适合本公司的工作""你怎么连这么简单的问题都不懂"等。面对这些问题，你要控制自己的情绪，迅速、理智地回答问题，即使有意见或心里不舒服也要委婉地表达意见，有时也可以表现出机智和幽默。

（5）情境性问题

情境性问题主要考察求职者的专业技能、组织协调能力等。如你组织过什么活动或研究，你擅长做什么，如何组织某产品的促销活动，如何处理顾客的抱怨，如何处理有问题的员工等。这些问题往往会附带提出一些工作情境，让你按照这个情境来回答，有时会交给你一些实物，要你当场示范一下，还可以模拟公文处理，进行无领导小组讨论、管理游戏、个人演说等。

近来，无领导小组讨论是企事业单位招聘人员常用的一种方法。如某银行招聘职员时出了一道讨论年终奖金分配方案的题目，给定奖金总金额、银行职员名单，上面列明了职工的姓名、性别、职位、工龄、学历、工作业绩等情况，要求应聘者讨论出奖金分配方案，最后推荐一人向考官汇报。考官在旁边观察、记录每人的发言，并给每位应聘者评分。

3. 面试的评分办法

面试的评分确实比较主观，为了公平、公正，有的公司采取多人评分，取平均分，或多次面试取平均分的做法，以此减少主观上的偏差。一些比较正式的面试都有比较规范的评分表，列明面试项目、考试要点、评分权重等。

当面试结束时，应当向考官表示感谢，感谢他给你机会，并握手道别。求职者还要进行回顾和总结。许多求职者认为，当面试结束后，求职过程就告一段落了。事实上，并非如此，你还要做以下工作：面试一结束，你应该对你在面试时遇到的难题进行回顾。重新考虑一下，如果他们再一次向你提问，你该如何更好地回答这些问题。尽量把你参加面试的所有细节记下，一定要记下面试时与你交谈的人的名字和职位。一周之内，向面试者或其他有关人员写一封感谢信。在信中，你应该进一步表达你对得到这份工作的愿望。感谢信是整个面试过程的最后一步，它会给大多数用人单位留下很深的印象。

一般地，择业的过程主要涉及选择工作地点、行业、职业、岗位、企业、领导等。从工作地点来说，应当做到四海为家，哪里能施展才华就在哪里工作，不要把自己局限在某个地域。当然，如果父母年老体弱、儿女年幼，最好是工作与家庭兼顾。而行业要选择有发展前途的某些行业，如信息技术、生物科技、环境保护等。职业选择即要选择从事该行业中哪一类角色，如生产、销售、管理等。而岗位是指要从事的某一个具体的工作，如销售某一种产品、经营某一项目等，也就是在某一企业的某一具体职责。选择企业要选择盈利能力强、有发展前景的企业，大中小企业各有特长，应当全面了解。在选择企业时，还要考察企业的经营理念、管理文化，要远离坑蒙拐骗、商誉差的企业，选择商誉良好、有社会责任感的企业去应聘。最后，当然是选择领导，领导是否任人唯贤、爱才、惜才，这对将来工作的开展、事业的成就也有十分重大的意义。大学生应当综合考虑以上因素，有所侧重，有所取舍。

第四章 大学生职业品质与职业能力

第一节 大学生职业意识

一、职业意识概述

（一）职业意识的内涵

职业意识即从业者在特定的社会条件和职业环境影响下，在教育培养和职业岗位任职实践中形成的某种与所从事的职业有关的思想和观念，也是人在职业问题上的心理活动，是自我意识在职业选择领域的表现。它反映一个人对于职业的根本看法和态度，是职业认知与职业行为的统合，包括职业认识、职业情感、职业意志、职业行为，它集中地表现为一种爱岗敬业的精神。

有研究者指出，当代大学生职业意识呈现以下特征：发挥才能、实现自我价值是大学生择业的第一要求；注重经济利益；择业的地点仍集中在沿海和大中城市；关注工作的软环境。

（二）职业意识的意义

职业意识有社会共性的，也有行业或企业相通的。大学生正处于职业意识成熟阶段的前期，处在社会边缘地带，但已经开始向职业社会过渡，进行着职业选择。如果想有更好的发展，就必须通过实践体验，培养自己正确的职业意识，以求更好地完成职业定位。

1. 提升职业素质

树立正确的职业意识是提高劳动者职业素质的基础。因此，培养良好的职业意识，造就高素质的劳动者，勇于开拓创新，积极进行技术改造和发明创造，必然有利于推动社会发展和科技进步。

2. 导航职业生涯

职业的发展是人的生涯发展的重要组成部分。职业发展是一种发展的历程，是经验不断修正和概念化的结果。正确的职业认知、积极的专业情感、坚强的职业意志、良好的专业行为，必将推进人的职业生涯的卓越发展。

3. 实现人生价值

人生价值主要是通过职业活动来体现的。职业是实现人生价值的舞台。职业能否实现人生价值，与人的才能、兴趣、爱好和志向等职业态度有密切联系。良好的职业态度，使从业者展示出高昂的创造热情和无限的活力，从而铸造辉煌的人生。

（三）大学生职业意识的发展过程

大学生的职业意识是经历了一个由肤浅趋于深刻、由模糊趋于鲜明、由幻想趋于现实的发展过程。大概有这样几个发展阶段。

1. 朦胧与幻想阶段（学前及小学时期）

人在童年、少年时期已经有了明显的自我意识，生活于社会中的少年儿童，受社会知名人士影响、父母老师的教育引导以及个人爱好兴趣的驱使，就有了长大后要干某种工作的原始职业理想。但这时他们还不能够考虑到职业的现实需求以及职业与自己个性、知识、能力之间的关系，所以想象成分居多，带有极大的随机性，易随客观环境刺激的变化而变化。

2. 分化与发展阶段（中学时期）

这一阶段主要是在中学时期。随着自我意识的进一步发展，中学生已初步形成了自己的兴趣爱好和价值取向，能够将未来的职业与自我特点结合起来，为职业意识的深化、发展奠定了基础。他们初步显现了将原来的职业幻想分化成较为现实的职业发展意向，如文理科的选择、高考志愿的专业方向选择等。

3.形成与发展阶段（大学时期）

这一阶段主要指大学时期。大学是同学们由学生到社会人的过渡期，也是同学们将自己的主观愿望落实到具体的职业生涯设计的过渡期。专业选择体现出了具体的职业意识，但由于专业选择受多种因素影响，可能不是自己主观意愿，再加上以前没有时间和精力去考虑职业及职业发展方向问题，同学们在面临即将走上职业岗位的情况下，这一阶段就成了形成清晰职业意识的关键时期。

4.职业意识的成熟与发展阶段（工作后）

同学们走上具体的职业岗位后，对职业及自我有更深刻的认识，职业意识逐步成熟起来。

二、大学生职业意识的构成及其培养

（一）职业道德意识

所谓职业道德就是适应各种职业的要求而必然产生的道德规范，是社会占主导地位的道德或阶级道德在职业生活中的具体体现，是人们在履行本职工作过程中所应遵循的行为规范和准则的总和。它包括职业观念、职业情感、职业理想、职业态度、职业技能、职业纪律、职业良心和职业作风等方面的内容。

职业理想是指人们对未来具体职业的选择、向往以及要达到的成就的向往。职业理想也是一定社会的理想在职业选择和职业实践中的具体体现。

职业纪律是一种以规章、制度、条例等形式来维持职业活动的正常秩序，调节职业活动和各种现实关系的行为准则，它的效能介于法律和道德之间。

职业良心是人们在职业实践中形成的内心尺度或内心天平，其表现为从业者在职业活动中能够自觉地以这种衡量尺度来衡量和校正自己的行为。

职业荣誉是人们对职业行为的社会价值所作出的公认的客观评价和正确的主观认识。职业荣誉具有两层意思：一方面是指一定的社会和职业对从业人员在职业活动中所作出的贡献或积极影响给予褒奖；另一方面是从业人员对自己的职业活动所具有的社会价值的自我意识。

职业作风是从业人员在职业实践中表现出来的习以为常的行为特色。它是职业道德丰富内涵的外在表现，能给人以直观的印象，因而也会产生不可低估的社会影响。

（二）责任意识

责任意识是指社会成员对自己所应承担的社会职责、任务和使命的自觉意识，它要求社会成员除对自身负责外，还必须对其所处的集体及社会负责，正确处理与集体、社会、他人的关系。

【案例】曾有人问歌德："责任是什么？"歌德："把你面前的日常事情完成好就是你的责任所在。"

任何事情都是由一个个细节组成的，如果我们没有对结果负责的精神，总是有凑合和侥幸的心理，许多看起来不重要的细节终将破坏大局。有这样一种说法：少了一个铁钉，丢了一只马掌。少了一只马掌，丢了一匹战马。少了一匹战马，败了一场战役。败了一场战役，失了一个国家。所有的损失都是因为少了一个马掌钉。

责任意识是在实践中逐渐形成的，大学生如何培养自己的责任意识呢？

（1）尽职尽责地做好第一份工作。选择第一份工作可能不是由自己的意志决定的，但怎样看待第一份工作却是取决于个人的。以尽职尽责的态度去工作，走好人生奋斗的第一个起点，将会影响你的一生。

（2）做一个勇于承担责任的人。犯了错后勇于承担后果，不逃避，不推卸，这种有责任心的人就拥有了至高无上的灵魂和坚不可摧的力量，在别人心中就如同一座高耸的山。

（3）用良心保佑你的责任心。人的良心体现在他所履行的职责里。如果没有良心来对个人的行为举止进行约束，那些才华盖世的天才也可能误入歧途。良心可以匡正一个人的行为，可以使他变得诚实和正直。因此，良心是心灵圣殿中的道德统帅，它使人们的行为正直、思想高洁、生活幸福。只有在良心的强烈驱使下，一个人崇高而正直的品质才能得以弘扬。

（4）避开职责的绊脚石。每一个人都是一个多面体，一方面每个人都有道德、慈善之心；另一方面人性中又有懒惰、自私、享乐、放纵等因素。人性中的这些矛盾既相互纠缠又相互排斥，性格迟疑者往往在这种矛盾对立中无所适从。人的意志力能否转化成现实的行动，决定着一个人的最终道路。一个人的意志薄弱，自私之心就会慢慢膨胀，人的个性就会泯灭，高尚品质就会日益被堕落的欲望所控制。长此以往，他就很容易变成自己感官的俘虏。

（三）服务意识

服务意识的基本内涵包括真诚质朴、尊重备至、彬彬有礼等几个方面。礼貌是中国文化另外一个重要的组成部分，它的含义是言行文明、举止大方、细致周全，礼貌能够给人创造持久美好的印象。当然，在服务时也要自信而不骄矜，尽最大努力在可行的范围内满足别人的需求。

【案例】　当你进餐厅时，有服务人员过来给你倒杯茶水，可能有这样几种情况。

（1）是一句话也不说，直接给你倒了一杯茶水。

（2）有位服务员走过来说："来，给您倒点水？"这是命令性的。

（3）有位服务员走过来说："来，先生，给您加一点儿水好吗？"这就变成了请求式的。

你会感觉哪种好呢？

大学生应从以下几个方面培养自己的服务意识：

（1）不夸口许诺，注意善待别人。如果你不敢肯定你是否有能力实现某个诺言，那么许诺时就要留有余地。这样，如果你实现了原定的目标，那么你就将在别人眼中建立起可靠的信誉；反之也不会对自己的信誉带来多大的影响。

（2）关注服务的瞬间。服务过程和服务态度的所有细节都将影响到对别人的服务。大多数人是依据自己亲身经历的服务过程和服务态度来评价服务质量的，把握住"瞬间的真实"，进而提高服务质量是提供优质服务至关重要的环节。

（3）关注服务的细节。不要轻易地认为服务就是职业的微笑与娴熟的技巧，从而忽视别人真正的需要。一定要学会换位思考，把握好服务过程的每个细节，用心去关怀别人，才能使你的服务提升到一个较高的境界。

（4）学会为同事服务。凡是经你手的事情，交给下一道工序（或程序）的人，你的服务就必须对他负责，因为你的服务会成为他工作成功的保障，而他的工作也是在为下一道工序的同事服务。这个链条一旦遭到破坏，整个工作程序就会被完全打乱，从而给你的工作甚至生活带来很多负面影响。工作的完美与同事之间的相互服务是密切相关的。

(四)团队精神

所谓团队精神，简单来说就是大局意识、协作精神和服务精神的集中体现。这是用人单位普遍看重的一个因素，团队意识差的毕业生一般很难取得用人单位的赏识，即使暂时被录用，也不会有较好的职业发展前景。

团队精神的具体内涵包括以下几个方面：第一，个人应该强烈地感受到自己是所在团队的一个有机组成部分，是团队的一个分子，由衷地把自己的命运与团队的前途联系在一起，愿意为团队的利益和目标全力拼搏。第二，彼此把对方视作"一家人"，能够相互依存、同舟共济、荣辱与共、肝胆相照，彼此容纳对方的独特性和差异性。不仅在工作上相互协作、共同提高，在生活上也能彼此关怀、相互慰藉。第三，团队成员还要以高度的责任感和使命感参与管理，共同决策，统一行动，衷心地把团队的事视为自己的事，工作积极主动、尽职尽责、勤勉认真、充满活力与热情。

【案例】美国一家实验室做过这样一个实验：分别在两间屋里放一些香蕉，再分别放进同样数量的猴子，只不过第一间屋里的香蕉是放在地上的，而第二间屋里的香蕉吊在屋顶。几天以后，实验人员打开屋门，发现第一间屋子的猴子非死即伤，而第二间屋子的猴子却活得十分健康……

第一间屋子的景象告诉我们猴子为了生存而进行你死我活的争斗，而第二间屋子的猴子单个是吃不到香蕉的，它们必须合作才能生存下去。

大学生应有意识地增强团队精神，为其顺利就业打下良好的基础。

(1)对别人寄予希望。每个人都希望被别人重视，特别是具有创造性思维的现代人更是如此，每一句鼓励和赞许都可能成为工作的动力，这对团队的成功非常重要。

(2)理解和体谅别人。个体的工作要得到团队成员的支持和认可，首先就要获得大家的喜欢。除了和大家一起工作外，还应该尽量和大家一起去参加各种活动，或者礼貌地关心他们的生活，要让团队成员觉得你不仅仅是好同事，而且是好朋友。

(3)信任沟通。相互信任是有效团队的基本要素，沟通是联络感情、统一思想、明确任务、制订计划、协调工作的重要手段。

（4）相互激励。荣誉感和归属感是优秀团队必备的品质，团队成员的个性不应被扼杀，而应被大加赞扬，通过表现个体的独特性以及相互的尊重，鼓励其他成员表现自我，促使整个集体强大起来。

第二节　大学生职业能力

一、大学生职业能力概述

（一）职业能力的概念

职业能力是职业社会中经常提及的一个术语。它是人们从事某项职业必须具备的多种能力的综合，是择业的基本参照和就业的基本条件，也是胜任职业岗位工作的基本要求。关于职业能力，不同的研究者从不同的角度有着不同的定义。常见的有如下几种。

（1）在心理学上，职业能力指直接影响职业活动效率和使职业活动顺利进行的个体心理特征。作为职业能力的"下位"概念，较为严密和科学，但比较抽象，不便于能力培养过程中目标的确定和实施。

（2）能力本位教育（CBE）理论所指的能力，是完成一定职业任务所需的知识、技能、态度和经验。它是进行职业分析的基础，侧重于"能胜任""能完成"，主要强调的是能力形成过程中所需要具备的若干能力，但与职业能力有一定的距离。

（3）结构定义，强调职业能力构成要素的综合性，认为职业能力由多种元素复合而成，因而也将职业能力称为"综合职业能力"。

蒋乃平（2005）认为职业能力包括专业能力、方法能力和社会能力。专业能力一般是指专门知识、专业技能和专项能力等与职业直接相关的基础能力，是职业活动得以进行的基本条件。专业能力是在特定方法引导下有目的、合理地利用专业知识和技能独立地解决专业问题并评价其成果的能力，包括工作方式方法、对劳动生产工具的认识和使用等。方法能力包括思维能力、分析能力、判断能力、决策能力、获取信息能力、继续学习能力、独立制订计划能力等。社会能力包括组织协调能力、团队协作能力、适应社会能力、口头与书面表达能力、心理承受能力和社会责任感等。实践能力是指人们在改造自然和改造社会的有意识的活动中体现出来的能力，是从业者所具备的专业能力、方法能力、社会能力在改造自然、改造社会的有意识活动中的"综合"体现。

荷兰职业教育协会（Colo）在全球权威测评公司Saville & Holdsworth Ltd（SHL）的通用能力框架的基础上，形成了适合荷兰本土的由8个方面组成含有25项能力的职业能力框架，25项能力中又包括126个能力要素和相对应的行为描述实例。其中的8个方面有：领导力、协作、表达、分析、创新、执行、适应和成就感。25项能力包括：决定和主动做事、引导、领导、关怀和理解、合作与建议、坚持原则与价值、人际交往、说服与影响、表达与沟通、写作与汇报、应用专业知识、应用技术、分析、调查研究、创新、学习、计划与组织、满足客户期望、重视结果、遵守规程、适应变化、应对压力与挫折、积极进取、创业思维和高效。

（二）职业能力的特征

一般来说，职业能力具有如下几方面的能力。

（1）职业性。职业能力以满足社会需求和市场需求为目标。

（2）复合性。职业能力日益向通用型、复合型靠拢，多层次、宽领域的能力要求是其发展的方向。

（3）专门性（方向性）。针对职业而言，除包括通用能力外，还包括针对某具体职业的专门能力。

（4）个体性（差异性）。职业能力具有个体属性，不同的个体既有能力性上的差异，也有能力水平高低的差异。

（5）可变性（动态性）。一方面社会发展对同一职业的职业能力要求会不断发展，另一方面一个人所经历的同一职业的不同岗位对职业能力的要求也是不同的。

（三）职业能力的构成

（1）学习能力

大学生在校园中学习，并不是简单地学习课本知识，仅仅满足于知识的积累，更重要的是学会如何去学习，良好的学习能力是大学生立足于职场的必备能力之一。学习能力不是指知识本身，而是指自觉学习知识的效率和整合知识的能力，包括学习理念（应需学习、快乐学习、自主学习、开放式学习等）、学习习惯和学习方法（研究性学习、提纲式学习、对比式学习、重点学习等）。

（2）社会适应能力

大学毕业生面对现实生活中的消极现象常常产生不安、不满的情绪，而常常以改造社会为己任的大学生却忽视了适应社会这个前提。对社会、对环境的适应，是主动的、积极的适应，不是消极的等待，更不是对消极现象的认同。大学生只有具备较强的社会适应能力，走向社会后才能尽可能地缩短自己的适应期，充分地发挥自己的聪明才智。主要包括人际交往能力、表达能力、团队合作能力、组织管理能力、创新能力等。

（3）方法能力

主要包括思维能力、分析能力、判断能力、决策能力、获取信息能力、继续学习能力、独立制订计划能力等。

（四）职业能力的形成

从心理学和教育学的角度看，能力的形成过程是知识、技能和态度的类化迁移和整合的结果。石伟平（1997）认为，应围绕"任务"和"工作角色"开发"职业标准"，再由"职业标准"开发"评定方法"与"培训方法"或"学习计划"。邓泽民（2002）提出知识、技能、态度等的习得或应用，并不等于已具备了职业能力。学生职业能力的形成和发展必须参与特定的职业活动或模拟的职业情境，通过对已有的知识、技能、态度等的迁移，得到特殊的发展与整合，从而才能形成职业能力。在实际操作中，可通过精选教材，结构化、一体化、网络化编排教学内容，以有利于以认知结构的构建为目标合理安排教学程序，教授学习策略、提高迁移意识性，建立模拟的职业环境，参与真实的职业活动（实习、实训），促进真正的职业能力的形成。

德国职业教育学家劳耐尔（F.Rauner）在能力发展理论的基础上提出了从新手到专家的职业能力发展阶段及学习范围的理论。他区分了从新手到专家的五个发展阶段，即新手、有进步基础的初学者、内行的行动者、熟练的专业人员和专家，具体设计了能力发展需要的四个学习范围，并描述了每个阶段的能力特征，能做出的行动以及向上一阶段发展需要的学习条件。个人经验在这个理论中受到重视，认为职业能力的发展开始于个人经验，最终还要回归到个人经验。

二、现代职业人应具备的素质

现代企业之间的竞争实质上是人才的竞争，而人才的竞争归根到底是综合素质的竞争。那么现代职业人应该具备什么样的素质才能适应形势的发展，形成自身的职场优势呢？概括来说，现代职业人应具备以下素质。

（一）职业道德素质

职业道德是指在行为方式不明确的情况下，指导专业人员、管理人员和工人们做出正确标准的一系列标准。职业道德素质是所有素质中最重要的，也是越来越多的公司最看重的。公务员的职业道德决定他如何为官，医德决定医生如何对待病人，科研道德决定科学家对待自然与社会的态度。

近年来，从政府到企事业单位，都出现了一些违反职业道德的大案要案，令人触目惊心，值得我们好好反思。

从政府方面来看，贪污、腐化是党和国家的大敌，公务员职业道德败坏会导致政府公信度下降，国家和人民的财产受侵害。

从企业方面来看，企业没有公德心会造成企业破产，消费者权益受侵犯。如2008年震惊全国的三鹿奶粉事件，使得曾经风光无限的中国乳业巨头三鹿集团在一片慨叹声中走向破产。当前，我国出现的问题食品、豆腐渣工程、假药等影响恶劣和危害极大的恶性事件，引起社会和民众的公愤，反映了我国某些企业、商人的道德水平低下，只顾赚钱，不顾公众利益和人民生命的安危。因此，要建设社会主义市场经济，就必须加强职业人的道德修养、增强职业人的法纪观念，使其诚信经营，遵纪守法。

个人没有职业道德将会陷于不利和不义的状态，只会计较蝇头小利，难有大发展、大前途。职权越高对人的道德要求越高，相应地，个人若想向上发展，就必须具备良好的职业道德。

要建立和完善社会主义市场经济，就要维护公平竞争的市场环境，做到诚信经营、守法经营。在法律面前人人平等，但是法律不可能包罗万象。因此，提倡良好的道德风尚，培养职业人自觉遵纪守法，谨守商业伦理道德，讲诚实，守信誉，公平交易，造福社会是一件十分重要的大事。每一个职业人必须防微杜渐，从我做起，从小事做起，做一个道德高尚的现代职业人。

（二）人际交往素质

人际交往是现代人才的重要素质。人的社会化需要人际交往；人的健康心理需要人际交往；人的事业成功需要人际交往。作为现代人应该学会人际交往，并提高自己交往的技巧，使自己适应社会和环境的变化，促使自己的事业走向成功。

现代企业大多是团队作业，因此职业人更需具备较强的团队精神和人际交往能力。人际交往包括语言交流、书面交流、电子媒介交流、身体语言交流等。职务越高，人际交往越重要。相应的，个人若想向上发展，就必须具有良好的人际交往素质。

（三）专业技术素质

现代职业人要有适合本岗位工作所需要的技术理论知识和实际操作技能。同时要有较强的自学能力，否则会被飞速发展的社会淘汰。

（四）基本的管理素质

管理就是生产力。管理素质是现代人必须具备的素质，管理素质的高低直接影响着一个人的工作效率、学习成效和生活质量。现代职业人要掌握一般的管理原理和管理方法，有组织指挥能力、协调能力、决策能力。

（五）身心素质

身心素质包括身体健康和心理健全。身体是革命的本钱，不论工作多么繁重，都要善于调节自己的身体和心理状态。近来多有各行业人士因为不堪工作的重压而过度疲劳猝死的报道。胜任工作，事业有成，不仅需要良好的技术水平，还要有强壮的身体、健康的心理素质。良好的身心素质是职业生涯的基石。

（六）思维素质

思维素质包括分析问题的能力和解决问题的能力。现代职业人要有系统思维的观点，掌握一些良好的思维方式，以应对产生的问题。随着时代的前进，素质教育的内容在不断地扩展，思维素质将会成为素质教育中的一项重要内容，将直接影响着素质教育中其他各项素质的提高与发展。

（七）信息素质

现代社会是信息社会，对信息掌握的多少及理解的程度，直接影响着个人能力的发挥。具备良好的信息素质就是要会搜集信息、筛选信息、判断信息的真伪，利用信息提高自己，以及解决工作中的实际问题。

（八）理财素质

理财对当代职业人十分重要，虽然你不一定要成为一个理财专家，但你必须具备理财知识。因为当代经济时常处于波动之中，物价上涨，房价上升，工资常常让人感到入不敷出，再加上人生有各种意想不到的事情，常令工薪阶层提心吊胆。

掌握一定的理财知识，学会一些理财的手段，如储蓄、保险、证券等，往往可以让你增强抵御经济波动、应对人生意外的能力，你的财产可以得到保值、增值，风险得到补偿，你的生活质量会稳步提高，让你全力以赴投入到事业中，追寻你的梦想。

三、职业能力和素质的开发与培训

职业能力和素质的开发与培训包括的内容和范围太多太广，但有些基本能力是社会任何一种职业的从业人员都需要掌握和具备的。本节重点介绍职业道德、人际交往、身心素质的开发与培训。

（一）要做事，先做人

知书应达礼，做事先做人。否则，空有满腹经纶，不会做人，也只是徒有虚名罢了。儒家思想强调修身养性，在做人方面有许多精彩的论述，如忠、孝、仁、义、信。

忠就是要忠于国家，忠于人民。在一个企业，要忠于组织，要有责任心、事业心，干一行，爱一行，专一行，不要见异思迁。现在许多大学生，一味追求有更高待遇的公司、行业，频繁跳槽，工作没责任心、没担当，这不是一件好事。不爱岗敬业，就很难得到组织的重用和培养，很难在事业上有什么大的发展。

孝就是要尊敬长辈。父母养育子女，含辛茹苦；前辈为后代创造美好的生活，付出辛勤的汗水。做子女的应当感恩，应当尽孝道。子女不尽孝，把老人当作包袱抛给社会，是不道德的。古代有"父母在，不远游"。但是，我们当今的某些大学生，不孝敬父母，主要表现在：一是嫌弃父母，有些农村的学生，嫌父母土气，父母送子女到校，却向同学介绍说是其亲戚，还有的嫌父母穷，没钱资助他留学；二是不听父母劝告，嫌父母啰唆、唠叨，随意顶撞父母，甚至有与父母意见不合而拔刀相向的；三是不尽孝道，重庆有绝情的女博士，不让父母与她同住，嫌父母土气，吃得太多，父亲得癌症，不仅不尽女儿的责任伺候、照顾父亲，还在父亲离世前拒绝与之见面。这些都是有违中华民族传统美德的行径。对父母都不知感恩、没有爱的人，如何能热爱自己的事业、为人类社会的福祉而努力工作？

仁就是要有仁爱之心。要热爱人类，热爱社会，热爱大自然。要做到关心别人，帮助别人，热心社会公益事业，保护环境。自觉抵制自私自利、损人利己、损公肥私的坏风气和坏习惯，做一个对人类、对社会有益的人，把有限的生命投入到无限的为人民服务中去。

义就是在与人交往中相互尊重，礼尚往来。人敬你一尺，你敬人一丈，重亲情，重友情。有来无往非礼也。要深情厚谊，不要薄情寡义。现在社会上有些人以市场经济处理人际关系，把人际关系当成金钱关系、利益关系，有利时就是朋友，无利时形同路人，使人感到世态炎凉，缺少人间的温暖。

信就是讲究信用。言必信，行必果。一言九鼎，一言既出，驷马难追。不要轻易许诺，许诺了就要做到。不吹嘘，不浮夸，做老实人，办老实事。

（二）树立正确的人生观、价值观

观念决定行为。人生观，是指一个人对人生、生命、生活的基本认识和看法。

价值观，是指人们通过工作力图要达到什么，以及为达到此目标应如何去奋斗。树立正确的人生观、价值观不是空话或大话，而是要坚持不懈地去实现。正确的人生观、价值观会使你树立正确的目标，激励职业生涯的顺利发展。可以说，那是一个灯塔，指引你前行。

一位心理学家在研究过程中，为了实地了解人们对同一件事情在心理上所反映出来的个体差异，来到一所正在建筑中的大教堂，对于现场忙碌的敲石工人进行访问。心理学家问遇到的第一位工人："请问你在做什么？"工人没好气地回答："在做什么？你没看到吗？我正在用这个重得要命的铁锤，来敲碎这些该死的石头。而这些石头又特别的硬，害得我的手酸麻不已，这真不是人干的工作。"心理学家又找到第二位工人："请问你在做什么？"第二位工人无奈地答道："为了每天500美元的工资，我才会做这份工作，若不是为了一家人的温饱，谁愿意干这份敲石头的粗活？"心理学家问第三位工人："请问你在做什么？"第三位工人眼光中闪烁着喜悦的神采："我正参与兴建这座雄伟华丽的大教堂。落成之后，这里可以容纳许多人来做礼拜。虽然敲石头的工作并不轻松，但当我想到，将来会有无数的人来到这儿，在此接受上帝的爱，心中便常为这份工作献上感恩。"

同样的工作，同样的环境，却有如此截然不同的感受。我们如何来看待这三种人？第一种工人，是完全无可救药的人。可以设想，在不久的将来，他将不会得到任何工作的眷顾，甚至可能是生活的弃儿。第二种工人，是没有责任感和荣誉感的人。对他们抱有任何指望肯定都是徒劳的，因为他们抱着为薪水而工作的态度，为了工作而工作。他们肯定不是企业和老板可以依靠的员工。第三种工人，完美地表现出自动、自发、自我奖励，视工作为快乐。在他们身上，看不到丝毫抱怨和不耐烦的痕迹，相反，他们是具有高度责任感和创造力的人，他们充分享受着工作的乐趣，同时，因为他们的努力工作，工作也带给他们足够的荣誉。他们就是企业要的那种员工，他们是最优秀的员工。

美国哈佛大学教授戴维·麦克利兰（David C.McClelland）通过对人的需求和动机进行研究，提出了目标激励理论。他把人的高层次需求目标归纳为对成就、权力和亲和的需求，并对这三种需求，尤其是成就需求做了深入的研究。这三种目标实际就是三种不同的人生观和价值观。具有强烈的成就需求的人渴望将事情做得更为完美，他们努力提高工作效率，以获得更大的成功，他们追求的是在争取成功的过程中克服困难、解决难题、努力奋斗的乐趣，以及成功之后的成就感，他们并不看重成功所带来的物质奖励。权力需求较高的人对影响和控制别人表现出很大的兴趣，喜欢对别人"发号施令"，注重争取地位和影响力。他们常常表现出喜欢争辩、健谈；性格直率、头脑冷静；善于提出问题和要求；喜欢教训别人、乐于演讲。他们喜欢具有竞争性和能体现较高地位的场合或情境，他们也会追求出色的成绩，但他们这样做并不像高成就需求的人那样是为了个人的成就感，而是为了获得地位和权力或与自己已具有的权力和地位相称的成就。高亲和需要的人更倾向于与他人进行交往，至少是为他人着想，这种交往会给他带来愉快。高亲和需求者渴望亲和，喜欢合作而不是竞争的工作环境，希望彼此之间能沟通与理解，他们对环境中的人际关系更为敏感。有时，亲和需求也表现为对失去某些亲密关系的恐惧和对人际冲突的回避。可见不同的人生观和价值观，决定了人们不同的追求方向和行为方式。

（三）正确处理个人、集体、国家的关系

雷锋说过："一滴水只有放进大海里才永远不会干涸，一个人只有当他把自己和集体事业融合在一起的时候才能最有力量。"受西方个人主义思潮的影响，当代中国青年人已越来越注重个性的自由发展。这无可厚非，但个人离不开社会，当代大学生要想做大事业，就必须有宽胸怀、大眼光。所谓"心有多大事业就有多大""时势造英雄"。只有心怀集体和国家，才能抓住发展机遇，开发潜在的职业能力，获得成功。

古希腊神话中有一个著名的英雄叫安泰，他是地神盖娅的儿子。安泰力大无比，但他的力量都来自大地。在战斗中，只要他的身体不离开大地，就所向无敌。而一旦离开大地，他就丧失了力量。他的对手赫拉克勒斯发现了他的这个致命弱点。于是，在一次交战中，赫拉克勒斯将他举到了空中。结果，安泰失去了生命。

这则故事带有深刻的寓意，大地是安泰的力量源泉，就像集体和国家是我们个人的力量源泉；安泰离不开大地的怀抱，我们也离不开集体和国家的关怀。个人、集体与国家的关系，其实就是大家与小家的关系。每一个小家都从属于不同的大家，人的一生就是在大大小小的集体中度过的。一方面，我们要认识到大家是小家的依靠，是小家成长的园地，小家的生活、学习和工作都离不开大家。大家成员之间的相互关爱让我们有一种心理上的归属感，能满足我们的心理需要；大家的帮助和支持是我们个人成功的重要条件，能帮助我们战胜个人无法克服的困难。另一方面，小家是组成大家的细胞，集体和国家的发展也离不开每个成员的努力。

同样，各个球队中挑选最优秀的球员组成的"梦之队"，在比赛中有时却打不过技术比较差的球队，就是因为集体的力量来自团结协作。"梦之队"明星云集，但成员之间如果没有团结，就无法形成合力。篮球比赛是集体项目，赢得比赛要靠球队的整体配合。所以尽管"梦之队"的每个队员都很出色，但整体战斗力不一定强。

中国文化讲究和谐与平衡，大家与小家也应取乎于此。过多考虑个人会破坏良好的人际关系，影响个人的情绪，危害个人的健康心理，损害集体。只有将个人利益与集体、国家利益结合起来，个人才能在群体中如鱼得水。离开了集体和国家，个人就成了无源之水、无本之木，难以在事业上取得大的成就。

（四）从日常生活的点滴做起，培养自己良好的职业素质

所谓"细节决定成败"。培养良好的职业素质，须从点滴做起，从小事做起。仪表和行为举止看似个人问题，但每个员工的行为举止的集合却是一个现代公司的形象，直接关系到公司对投资者的吸引力，关系到公司在行业中的地位，关系到公司在顾客中的口碑，最终影响到公司的竞争力和赢利能力。因此，越是大公司、大企业，就越重视员工的行为举止。

1. 仪表服饰

"只有留给人们好的第一印象，你才能开始第二步。"外表是一个人心灵的窗户，仪表服饰表现人的内心世界，包括其思想和性格。职业人的仪表服饰应该大方得体，与其职业类型相符合。

郑小姐在一家国内的公司工作。有一次，上级派她代表公司前往南方某城市，去参加一个大型的外贸商品洽谈会。为了给外商留下良好印象，郑小姐在洽谈会上专门穿了一件粉色上衣和一条蓝色裙裤。然而，正是她新置的这身服装，使不少外商对她敬而远之，甚至连跟她正面接触一下都很不情愿。原因在于，国外商

界人士的着装，一向讲究男女有别。崇尚传统的商界人士认为，在正式场合穿裤装的女性大都是不务正业之徒。换言之，女性营销人员在正式场合的着装，唯独以裙装为佳，各种裤装都是不宜选择的。郑小姐因为不了解这一职业着装习惯而犯了错，影响了工作的开展。

如上所述，职场中存在一些着装配饰的潜规则。下班后可以投己所好，工作时却必须遵守这些潜规则，否则你的职业形象将大打折扣。如白色及蓝色衬衫一向是男性在职场上挑选衬衫的主流色彩，对于不同行业又有一定区分，销售人员一般选择灰褐色，客服人员选择淡黄色或奶油白，金融人员选择浅灰色等。对于女士来说，飘逸的长发，白衬衫，藏青、黑、灰的素色西服，设计简洁的浅口皮鞋，A4 型号的黑色手提包为标准职业服饰。你可以进行个性化的设计和搭配，但总的原则是简约、干练、大方。

服装是重要的一方面，个人的卫生、容貌也是重要的一方面。一般来说，男士每个月要理一次发，每周要剪一次指甲，每天要刮胡子、修鼻毛，皮鞋要保持光亮，衣服要勤换勤洗、保持平整，上班期间和正规场合要穿正装、打领带。女士要化淡妆，勤梳理，以自然、大方、得体为宜，不宜浓妆艳抹，避免衣着暴露。

2. 个人的行为举止

个人的行为举止在职场上十分重要，它是个人魅力的重要体现。外表吸引力可分两种：一种是静态的外表吸引力，包括五官、身体、发式及化妆等，这些表面的特质，甚至可不用亲眼见到本人，只需凭着照片便可评断"美"、"丑"。一般人口中所说的美，便是这种外表的美。另一种吸引力则是经由言行举止所表达的动态吸引力。面部神情、举手投足、说话的声调或语气等，都是促成这类"美"的重要条件。宋玉在《神女赋》里先写神女"貌丰盈以庄姝兮，苞温润之玉颜。眸子炯其精朗兮，瞭多美而可观……"，再写神女"宜高殿以广意兮，翼故纵而绰宽。动雾縠以徐步兮，拂墀声之珊珊……"。前者写的是神女的静态美，后者写神女的动态美，尤其侧重于她的个人举止和眼神，写她极美的风韵以显示其内心情感。

静态吸引力主要来自遗传。动态的吸引力首先来自个人姿态。所谓"站有站样，坐有坐样，走有走样"。站如松，即头要正，颈要直，收下颌，挺胸收腹，两肩后张；坐如钟；行如风。良好的个人姿态体现良好的个人教养，提升自己的职业形象。其次来自优雅的个人举止，包括热情待人，彬彬有礼；保持微笑，落落大方；睿智幽默，出口成章。

一般而言，静态吸引力在人际互动的最初阶段颇占优势。然而，动态吸引力（表达力）在以后阶段有更关键的影响。那些懂得适度表达自己的人，即使貌不出众，一样能在与人初遇的情景里，吸引他人，惹人喜爱。动态吸引力深受社交技巧影响。那些社交技巧高超的人，常能借助口语或非口语的表达方式，超越先天外表限制，散发出内在的风华。

动态吸引力可经由后天的学习而获得。人能借着一些学习而来的行为模式，展现出独特的吸引力。队列操、健美操等训练方法可以完善个人姿态。演讲、辩论等对训练人的口头表达能力及个人举止有良好的作用。

3. 语言沟通

在现代社会，语言能力是一种极其重要的能力。语言表达规范、清晰、礼貌是衡量一个人职业素质的重要尺度。善于运用语言的人，是有魅力的人，容易使别人折服和信任。在语言沟通中，要注意发音、吐字符合规范，避免地方口音；注意语言的文化背景、地方色彩，不要让人有错觉；注意语言的歧义、多义词等，避免误解；注意说话的场合，正式场合和非正式场合应当有所区别，不可信口开河；注意说话的对象，说话的对象不同，称谓有差别，口气也不一样。多用"您""请""谢谢"，多用商量的口气会产生意想不到的沟通效果。

现在的青年人，说话不注意，主要问题是口气大，不注意场合、对象，这就会造成一些误解与矛盾。如某人不善言谈，言必伤人。例如，某日同事结婚，皆不同意某人出席婚宴，他表示说：你们不必担心，席间我不说话就是了。大家只好让其出席。席间果如其言，相安无事，皆大欢喜。宴毕，此人实在憋不住，就说："今天我可没说话，今后你们夫妻吵架、离婚、生怪胎等可不要怨我。"众人愕然！

4. 锤炼完美性格

有句话说"性格决定命运"。性格是个人对现实稳定的态度和习惯化的行为方式。大体来说，可分为三种：积极刚勇型，表现为有坚定信念，积极做事；消极怯懦型，表现为缩手缩脚，顺从别人；折中型，即上述两种性格兼而有之。每种性格都有利有弊。

一个人的性格，不经过认真的自我修养，不可能自然地达到优良高尚的境界。伟人也罢，庸人也罢，任何人的优良性格都是在后天实践活动过程中，不断进行自我修养的结果。要想提高职业能力，就需要从实际工作、体育活动、劳动、文艺作品、模范人物中锤炼完美性格。面对失败，要坚强；面对厄运，要刚毅；面对困难，要勇敢；面对目标，要执着；面对选择，要果断。

要成为富有人格魅力的人，应在如下几方面加以努力。

第一，在对待现实的态度或处理社会关系上，表现为对他人和对集体的真诚、热情、友善、富于同情心，乐于助人，关心和积极参加集体活动；对待自己严格要求，有进取精神，自信而不自大，自谦而不自卑；对待学习、工作和事业，表现得勤奋认真。

第二，在理智上，表现为感知敏锐，具有丰富的想象能力，在思维上有较强的逻辑性，尤其是富有创新意识和创造能力。

第三，在情绪上，表现为善于控制和支配自己的情绪，保持乐观开朗、振奋豁达的心境，情绪稳定而平衡，与人相处时能给人带来欢乐的笑声，令人精神舒畅。

第四，在意志上，表现出目标明确、行为自觉、善于自制、勇敢果断、坚韧不拔、积极主动等一系列积极品质。

具有上述良好性格特征的人，往往是在群体中受欢迎和受倾慕的人，或可称为"人缘型"的人。

5. 树立竞争观念

"竞争"这个词，人们已经耳熟能详。当今，我国实行社会主义市场经济，市场经济鼓励竞争、鼓励勤奋、鼓励创新。没有竞争，就没有效率，就没有发展，因此，"竞争"之事在当今已是无处不在，无时不有。我们不要期望舒舒服服就能实现理想，也不要奢望不经奋斗就能一夜暴富，机会永远是留给有准备的人的，成功永远属于不畏艰难险阻的人。市场不会同情弱者，唯有竞争，唯有奋斗才能成功。

作为当代大学生，要学会在竞争中求生存，在竞争中求发展。要树立正确的竞争观念，迎接竞争，而不是逃避竞争，这才是良好职业素质的重要体现。

正确的竞争观念应该是树立目标，发挥潜能，不断创新，更新知识，挑战自我！刘翔以 12.88 秒破世界纪录后，《大公报》评价："刘翔先赢自己，再赢世界！"这样的评价富有哲理，俗话说，人生如登山，人最难跨越的山就是自己，只有不断挑战自我，勇于竞争，才能进步。

6.学会包装与推销自己

当代大学生有两种不同的倾向，一是"半桶水乱晃荡"，二是"肚里有水倒不出来"。前者是没有内涵却急于表现自己，后者是有丰富的内涵却表达不出来。

不可否认，在当今社会，有些急功近利者，为了出名而不惜一切进行炒作，这种炒作令人反胃。反正出名就好，不管留下好名还是骂名。与此相反，有些大学生"两耳不闻窗外事，一心只读圣贤书"，他们认为只要把书读好了，满腹经纶自然有人赏识，这种想法也是错误的。大学生必须学会包装与推销自己，发掘自己的个性、特点和专长，并乐于在学习中、工作中、日常生活中展现个人才华，才能让老师、同学认识你，让用人单位欣赏你、重用你。社会是个大舞台，人生好比一场戏，大学生只有演好自己的角色，表现非凡的自我，才能创造人生精彩、职业辉煌。

7.学会控制自己

学会控制自己是情商良好的重要表现。美国心理学家在研究自我控制对个人成功的影响时曾经做过一个实验，他们到一个幼儿园，找了 10 个小朋友，然后分给这些小朋友每人 1 颗糖。他们对小朋友说，老师现在有事暂时离开 1 小时，请大家不要吃手里的糖，如果谁听了老师的话，老师回来后将会再奖励 1 颗糖。1 小时后，他们回来了，发现有些小朋友已经忍不住把糖吃了。而有些小朋友虽然口水流得三尺长，但为了得到第二颗糖仍坚持不吃。10 年后，心理学家进行跟踪访问，发现那些为了第二颗糖而不吃第一颗糖的小朋友在学习、工作上皆有良好的表现。此实验证明了个人自制力的重要性。控制自己，包括控制感情、控制时间和控制诱惑。

（1）控制感情

感情用事往往铸成大错。如果一个人把喜怒哀乐都写在脸上，那是成不了大事的。例如，法官必须威严、沉稳，不可凭感情判案，而要以事实为依据，以法律为准绳。平常与人交际，也必须制怒，不要随意发脾气、随口乱骂人，否则会破坏了良好的人际关系，给将来的合作和共事留下了阴影。应当注意摆事实讲道理，以理服人，做到"有理不在声高"，有理也让人。对于一些恶意中伤、造谣、诽谤者，也要通过法律途径或单位领导来解决。要把解决问题放在首位，而不是把撒气放在首位。2006年的德国世界杯期间，法国队的队长齐达内，因为意大利的马特拉奇说了一句难听的话，他没有控制好感情，"小不忍则乱大谋"，以头撞人，被罚下场，结果法国队丢掉了重要的一役，输掉了冠军，一步走错，满盘皆输。当你要发怒的时候，记住控制感情。

（2）控制时间

一个人来到世间，最大的财富是什么？说到底就是他的生命，而生命又是以时间来计算的。因此，从个人角度看，一个人拥有最大的财富就是自己的时间。爱因斯坦认为，人与人之间的最大区别就在于怎样利用时间。你应该把你计划要做的事，结合你的个人情况，做一个统筹的安排。这可不是一件轻松的事，人们往往不仅不明白自己要做哪些事，而且不明白在什么时候，用多长时间来做某件事。如果把很多事和有限的时间充分地融合在一起，事情做好了，时间也没白白浪费，你就可选择时间来工作、游戏、休息。当我们能控制时间时，就能改变自己的一切。总而言之，就是让你的工作有计划、有条理。

（3）控制诱惑

这个世界五光十色，诱惑无处不在。所谓"无欲则刚"，善于控制自己的人，懂得自己的追求，坚持自己的目标，才不会见利忘义、偏离自己的方向。

8. 养成良好习惯

良好的习惯是成功的一半。习惯的作用是潜在的，常常在不知不觉之中产生。习惯包括生活习惯、工作习惯、学习习惯、劳动习惯等。好的工作习惯是做事有计划，有步骤，干净利索，不推诿，不拖拉，责任心强，有始有终，追求完美，力争上游。好的生活习惯是热爱生活，生活起居有规律，个人物品摆放有序，干净整洁。好的学习习惯是有计划地学习，理论与实际相结合，学以致用，树立终身学习观。好的劳动习惯是吃苦耐劳，任劳任怨，艰苦奋斗，靠自己的双手创造明天。

当今，大学生中存在一些不良倾向。其一，生活习惯不良，表现为生活起居没有规律，晚上玩通宵，白天睡大觉，酗酒，吸烟，透支身体；生活邋遢，不修边幅，个人物品乱摆放，垃圾废物随手丢，宿舍像个垃圾场。其二，学习习惯不良，表现为平时不学习，临考抱佛脚，试图通过死记硬背，通过突击来应付学习，这样的方法不利于知识的巩固和积累，欺骗别人，最终是欺骗自己。其三，劳动习惯不良，怕苦怕累，不愿自己动手，依赖心强。

良好的习惯需要我们从平时注意、从点滴做起才能逐步养成。这些习惯和我们的职业生涯有很大的关系。试想，一个邋邋遢遢的人怎么可能成为一个风度翩翩的外交家，一个丢三落四的人怎么可能成为一个精明的财务人员。美国有一所著名的军事学院——西点军校，那里不仅培养出大批出色的将军，还培养出一大批商界奇才、政界名人。那里有非常严格的治学理念，不仅在课堂上对学员进行锻造和训练，还有一整套苛刻的生活制度，从学员的作息时间、穿衣戴帽，到个人的仪表、行为举止、物品摆放、宿舍卫生都有十分明确的规定。学员违反规定，轻则扣分，重则勒令退学，这样看似管得太宽，不近人情，但正是这样的严格要求，才造就出高质量的人才。

平时的培养还要包括看似十分平常的职业能力。在应聘时，通常会提到"有工作经验"，貌似这难以做到，尤其是应届毕业生，没参加工作自然没工作经验，其实并不然，工作经验也包括平时会计划开支。例如，给你一笔钱，如何使用得最好；又如，会计算办事成本，分清事情的轻重缓急；再如，在餐桌上应有的礼貌等。主管人力资源的叶小姐曾经举了一例，说的是该公司新来了一位毕业生，其家庭较富裕，从小养成大手大脚花钱的习惯，到公司工作时，无论办什么事，不管轻重缓急都坐出租车出门。回来公司后，叶小姐对他说，这样的交通费是不可以报销的，因为有些事情并不赶时间，有些事情可以坐公交车去办，完全可以不坐出租车的。但他不以为然，对经理说，不报也不要紧，反正他有钱，自己乐意这么做。新员工一个月只有一千多元的收入，他的工资基本上全花在了交通费上，后来部门主管不好再派他做什么，他只好离开了公司。

学生要努力培养自己的"CASH"："C"不是cash，而是can，即知识与能力；

"A"是 attitude，即态度；"S"是 skill，即技能；"H"是 habit，即良好的习惯。

（五）终身教育是提高职业能力的关键

"终身教育、终身学习"的思想，自古有之。我国早在孔子时代就有终身教育的意识。但"终身教育"这一术语是 1965 年在联合国教科文组织主持召开成人教育促进国际会议期间，由联合国教科文组织成人教育局局长、法国的保罗·朗格朗（Paul Lengrand）正式提出的。对终身教育比较普遍的看法是"人们在一生中所受到的各种培养的总和"，它指开始于人的生命之初，终止于人的生命之末，包括人发展的各个阶段及各个方面的教育活动，既包括纵向的一个人从婴儿到老年期各个不同发展阶段所受到的各级各类教育，也包括横向的从学校、家庭、社会各个不同领域受到的教育，其最终目的在于"维持和改善个人社会生活的质量"。

终身教育成为提高职业能力的关键，原因就在于其终身性、全民性、广泛性、灵活性和实用性。相比传统教育，终身教育适应了新时期社会、职业、家庭日常生活的急剧变化，满足了人们更新知识观念以获得新的适应力的需求，是人们对不断变革的现实生活及不断提升的自我实现要求的积极响应。

第三节　大学生职业品质

一、大学生职业品质概述

（一）职业品质的概念

职业品质是职业伦理学的主要研究对象，指一个人在职业范围内能动地形成的比较稳定的道德观念、行为规范和习俗的倾向和特征的总和。它是调节职业集团内部人员之间的关系以及职业集团与社会各方面关系的行为准则，是评价从业人员的职业行为善恶、荣辱的标准，对该行业的从业人员具有特殊的约束力。优良职业品质是指在个体的职业活动中产生积极影响的职业品质组合，即勤奋认真、热情忠诚、坚定自信等品质特性的组合。从职业生涯发展的角度来看，职业品质是指职业人的品德和行为，他是一个人事业成功的基础。

（二）职业品质的构成

职业品质主要包括职业角色、职业情感、职业信念、职业意志和职业道德。

1. 职业角色

角色既包括对职业角色的认同和塑造，又包括与其相适应的行为规范要求。一个善于规划自己职业生涯的人首先是能够清晰认识和理解职业角色，并能从中正确定位自己的角色发展的人。准确的自我评估则是成功的基石。这就要求能客观地评价自己的优缺点，知道自己需要提高的是什么，需要摒弃的是什么，并有能力去学习和改善，不断自我反省，接受新观点，学习新知识，在发展过程中做发展的自我评价。

2. 职业情感

情感主要指热爱本职工作并产生的深厚感情。从事任何职业都需要对本职工作的热爱和忠诚，付出爱和热情，才能真正将工作融为生活的一部分。具备良好的职业情感能力意味着我们能有选择地表现我们的情绪。自我调节的基本技能是处理冲动和对付苦恼，具体表现在五种情感能力上：自我控制力、值得信赖、有责任感、适应力和创新意识。

3. 职业信念

职业信念是指从事职业所持有的深信不疑的精神状态。职业信念是职业生涯的希望之光，简单说来，即对职业本身持有的一种信心，而这种信心正是推动自身不断前进的动力。只有挑战自我的人，才能把握发展机会。不断提升职业品质，对职业生涯的发展起着至关重要的作用。

4. 职业意志

意志是对职业理想的坚持和执著，是在困难险阻面前坚守理想坚守本职工作的精神支柱。拥有坚韧的职业意志，就是不管在任何时候、任何情况下，都能以足够的信心和勇气面对来自各方的偏见、诱惑或困难，正确处理职业理想和现实的落差，坚守住自己所喜欢和所追求的职业工作。充足的自信心和乐观的心态是职业意志坚韧的保障。

5. 职业道德

职业道德就是适应各种职业的要求而必然产生的道德规范，是社会占主导地位的道德或阶级道德在职业生活中的具体体现，是人们在履行本职工作过程中所应遵循的行为规范和准则的总和。它包括职业观念、职业情感、职业理想、职业态度、职业技能、职业纪律、职业良心和职业作风等方面的内容，是一整套的相对稳定的价值观和态度的总和。

【案例】某大公司招聘总经理助理，由总经理亲自面试。应聘者小钱来到总经理办公室。总经理一见到小钱就说："咱们好像在一次研讨会上见过，我还读过你发表的文章，很赞赏你所提出的关于拓展市场的观点。"小钱一愣，知道总经理认错人了。但转念一想，既然总经理对那人那么有好感，不如将错就错，对我肯定有好处。于是就接着总经理的话说："对，对。我对那次研讨会也记忆犹新，我提出的观点能对贵公司有帮助，我感到很高兴。"第二个来应聘的是小高，总经理对他说了同样的话。小高想：真是天助我也，他认错人了。于是说："我对您也非常敬佩，您在那次研讨会上是最受关注的对象。"第三个来应聘的是小孙。总经理再次说了同样的话。但小孙一听就站起来说："总经理先生，对不起，您认错人了。我从来没有参加过那样的研讨会，也没提出过拓展市场的观点。"总经理一听就笑了，说："小伙子，请坐下。我要招聘的就是你这样的人。你被录用了。"古语云："一语为重万金轻。"诚信是打开信任之门的钥匙。诚信需要勇气，也需要胆识。在职场上，诚信不仅是美德，更是就业的一张不可缺少的通行证。

（三）大学生的职业品质要求

大学生作为特殊的社会群体，面临着从"校园人"到"社会人"的过渡，对其职业品质有着特殊的规定和要求。就社会实际而言，大学生尚不具备职业身份，未曾跨入职业生涯，然而他们同时又是未来职业社会的中坚力量；就大学生自身而言，青年大学生对自己的成才渴望，对今后从事职业的憧憬是最富有想象力的，并且思考问题最多、动机最强、自觉性最高。为此，每一名大学生都有必要认识和了解自身所应具备的基本职业品质，以便更好地实现与社会的衔接和融合，走出自己辉煌的人生之路。

（1）在职业角色定位上要求大学生确定自己的职业目标，具备择业先决意识。即了解有关职业设计的常识，依据大学生个体人格特征、个性倾向性等要素分析，结合社会不同行业的职业素质要求，找到一个接合点，从而对今后从事职业有一个好的规划。

（2）在职业情感上要求大学生理解职业情感的真正内涵，即敬业、乐业、激情、团队精神。

（3）在职业信念和职业意志上要求大学生具备自信、勤奋、坚韧不拔、追求卓越等品质。

（4）在职业道德上要求大学生做到忠实、诚信、责任心、正直、宽容、感恩、爱心、主动。

二、大学生职业品质的测评

良好的职业品质有助于我们拥有更好的职业生涯，也是维持职业生命的重要因素。如前所述，职业品质包括职业角色、职业情感、职业信念、职业意志和职业道德，当前国内外在各个方面的测验都很多，现在我们选择了较为典型的也是对大学生较为重要的两个测试"你处理问题的能力强吗？"和"你善于化解与上司的冲突吗？"（选自《成才与就业——职业指导专刊》，2004），你准备好了吗？开始吧。

测试一：你处理问题的能力强吗？

一些日常生活中的琐事，看起来无关紧要，可往往会给你带来许多麻烦。请做下列试题，自测一下假如题中所出现的情况对你来说尚未发生过，那么就按你将来处理这些问题时会用到的方法去选择。

1. 生日、结婚纪念日等，这些日子让你不可避免地要花钱，你会

A. 告诉对方不要通知自己这些事，这样便可以不买礼物了

B. 只送礼物给那些被你认为是重要的人

C. 经常收集一些小的或比较奇特的礼物来应付这些情况

2. 和别人发生矛盾或纠纷，不得不去法庭诉讼时

A. 法庭的焦虑和不安使你失眠了

B. 把它忘却，到出庭时再设法去应付

C. 生中难免要发生的事件之一，并没什么大不了的

3. 漏水把你房间里的家具损坏了，这时你会

A. 非常不快，口口声声地抱怨着

B. 想借此不交房租，并写了投诉信

C. 自己擦洗、修理，使家具复原

4. 你和邻居发生了争执，而毫无结果时

A. 靠喝酒解闷，来把它忘了

B. 请来律师，讨论怎样诉讼

C. 出外散步，来平息你的愤怒

5. 生活中的各种压力使你和爱人变得易怒时

A. 尽量不钻牛角尖，设法避免引起争吵

B. 设法向第三者倾诉自己的感情

C. 坚持和爱人一起讨论，研究解脱的办法

6. 一位好友将要结婚，依你看，他们的结合将会是痛苦的，这时你会

A. 设法使自己认为还有时间会使其改变计划的

B. 不必着急，因为还有时间会使其改变计划的

C. 认真地给那位朋友进行解释，耐心地阐述你的观点

7. 当你的能力被承认，老板派给了你一个更重要的工作时

A. 想放弃这个机会，因为这种工作的要求太高了

B. 怀疑自己能否承担起这项工作

C. 仔细分析这项工作的要求，做好准备设法把它干好

8. 你的亲友在事故中受了重伤，当你得知这个消息时

A. 叫来医生，要求服镇静药来度过以后的几小时

B. 抑制住自己的感情，因为你还要告诉其他亲友

C. 听到消息便失声痛哭

9. 每逢节假日，你和爱人总要为去看望谁的父母而发生口角时

A. 认为最公正的办法是，根本不搞庆祝，不和家人共聚，以减少麻烦

B. 订个生硬的计划，不分情况，平分秋色

C. 决定在重要的节假日里，和你的家人团聚，而在其他节假日里则与爱人的

家人共度

10. 当你感觉身体不舒服时

A. 拖延着不去就诊，认为慢慢会好的

B. 自己诊断一下便知道得了什么病

C. 鼓足勇气，把这种情况及时告诉家人，然后去医院检查

自测说明：A 计 1 分，B 计 2 分，C 计 3 分。

分数为 15 分以下：你处理问题的能力不太强，建议你面临问题时，不要让想象力冲昏头脑。

分数为 15 分 ~ 25 分：你处理问题稍有点迟疑，建议你要面对现实，以免做出那些会让你以后为难的决定。

分数为 25 分以上：你处理问题有很强的能力，做出的决定大多是从实际情况出发的。

测试二：你善于化解与上司的冲突吗？

每个人都有自己应付冲突的方式和风格，阅读下面的题目，选择符合你的答案，请尽快回答，不要作过多考虑。

A. 从不如此

B. 大多不如此

C. 偶尔不如此

D. 说不准

E. 偶然如此

F. 大多如此

G. 总是如此

1. 我不敢和上司提出会引起争议的问题。（　）

2. 当我和上司的意见不一致时，我会把双方的意见结合起来，设法想出另一个全新的点子来解决问题。（　）

3. 当我不同意上司的看法时，我会把自己的意见讲出来。（　）

4. 为了避免争议，我会保持沉默。（　）

5. 我所提出的办法，都能融合各种不同的意见。（　）

6. 当我想让上司接受我的看法时，我会提高我的音量。（　）

7. 我会婉转地把争议的激烈程度减弱下来。（　）

8. 我和上司意见出现分歧时，我会以折中的方式解决。（　）

9. 我会据理力争，直到上司了解我的立场。（　）

10. 我会设法使双方的分歧显得并没有那么重要。（　）

11. 我认为应该坐下来好好谈谈才能解决彼此的分歧。（　）

12. 当我和上司发生争执时，我会坚定地表明自己的意见。（　）

自测说明：A 计 7 分，B 计 6 分，C 计 5 分，D 计 5 分，E 计 3 分，F 计 2 分，G 计 1 分。

1 题 ~ 4 题表现为非抗争型方面；5 题 ~ 8 题表现为解决问题方面；9 题 ~ 12 题表现为控制方面。这三方面你的哪个得分最高，表明你会更经常地采用这种方式来应付冲突。在工作中免不了会和上司发生一些分歧和冲突（结果仅为参考）。

良好的冲突应付方式可以使你的建议被采纳，化解与上司的矛盾，获得上司的理解和支持，否则可能会导致和上司关系紧张，产生焦虑、压抑和无助感。个体处理冲突的方式大体上有三种倾向：非抗争型、解决问题型和控制型。

非抗争型的个体会尽量避免和上司发生冲突。如果发生冲突，为了维持和上司的关系，会牺牲自己的观点以减少和上司的分歧，或者主观认为自己是对的，采取退缩或压抑的方式，对冲突漠不关心或希望逃避和上司的争论。

解决问题型的个体面对冲突会在澄清彼此异同的基础上提出一个能使双方都满意的办法，或者使双方都作出一定的让步，让双方的利益得到部分的满足，从而使问题得到解决。

控制型的个体面对冲突会更关注自己目标的实现和获得的利益，而不顾虑冲突对方的影响。

如果选择了不恰当的应付冲突的方式，个体就会觉得自己优秀的建议常常不被采纳和接受，或者因为不能获得上司的指导和帮助，或者因为不能完全实现自己的计划而感到痛苦。如果你感觉原有的应付冲突的方式不太适合自己的个性或导致与上司关系不和，那么不妨尝试一下其他方式。

三、大学生职业品质的培养途径

（一）在日常生活中注重职业品质的培养

良好的综合素质，需要良好的职业品质来体现。良好的职业品质是通过认真地做好每一件小事养成的。因此，要培养良好的职业品质应该从日常生活中的点滴小事做起，严格按照各种行为规范要求自己，以指导个人学习、生活的各种行为。大学生日常行为规范是塑造职业素质的基础，因为任何良好的职业品质都是自律的结果。

（二）在专业学习的过程中夯实职业品质

在专业学习的过程中亲自感受和体验本行业、本专业具体而丰富的职业品质内涵，有利于培养良好的职业行为。在专业学习的过程中不仅仅是学习专业知识、技能等，还应增强职业意识，遵守职业规范。增强职业意识，遵守职业规范，是对在校大学生提升职业品质的要求，是大学生未来职业成功从而实现人生价值的重要前提。在专业学习的过程中还要重视技能训练，提高职业素养。参与专业技能训练的过程同样也是不断提高自己职业品质的过程。现代生产技术的进步，使从业者面临着不断学习和掌握新技能的问题，因此，做一个有职业品质的从业者，不仅要干一行爱一行，而且要干一行钻一行。

（三）在职业实践活动中强化职业品质

提高职业品质的关键途径是在职业实践活动中强化。因为这时大学生向从业者角色的转化已经完成，对职业的认识更加实际、更加深刻。在职业活动中将知识技能内化为职业品质，将职业品质外化为职业行为。积极参加各种社会实践和职业活动实践，在实践中刻苦磨炼自己，坚持知行统一，这是加强职业品质的重要途径。实践是检验职业品质效果的唯一尺度。投身职业实践活动的熔炉，职业品质才能成为实实在在的东西。

【案例】陈方见，男，52岁，中共党员，湖北恩施州巴东县邮政局绿葱坡支局投递员。

陈方见同志1977年参加邮政工作以来就一直从事乡邮投递工作。30年来，他在条件艰苦、山大人稀、常年被冰雪覆盖的绿葱坡镇辛家邮路上为绵延在大山深处几百公里内 13 个行政村的 1.2 万山民服务。他所负责的邮路因为山势过于险峻，山路过于崎岖，境内一些路段连骡马都不能通行，因此，背篓是他唯一的运邮工具，他所走的邮路也被称为"背篓邮路"。

30 年来，他行程 60 余万公里，走遍了邮路上的山山水水，背负的邮件量已超过 10 吨，用他对邮政事业的无限忠诚在乡邮投递这个岗位上默默奉献了 30 年。30 年来，陈方见始终坚持自己的职业信念，本着"全心全意为人民服务"的精神，长期战斗在高寒山区，为老百姓送邮，同时还利用自己乡邮员走乡串户的机会，为老百姓捎带物品，义务为老百姓代寄包裹、邮件，让自己的背篓成为一个"流动邮局"，为邮路上的老百姓默默地奉献和牺牲。同时，他还在自己的乡邮路上义务帮扶孤寡老人，使自己的邮路成为一条"爱心邮路"。30 年来，他从没有耽误过一天班期。30 年艰苦环境的工作，使他身患多种疾病，由于长期在高寒山区工作，他的关节炎尤为严重。他不仅要忍受病痛和艰苦的工作，更要忍受几十里路没有人烟的孤独和心灵的寂寞。而他正是在坚守自己的职业道德，用 30 年的无声行动诠释了一个普通邮政职工的职业道德操守。

作为一名乡邮员，52 岁的年龄绝对是高龄了。陈方见硬是用他对邮政事业的无限忠诚在乡邮员这个岗位上默默奉献了 30 年。如今，陈方见这位"邮骆驼"已经老了，三十年邮路生涯，三十年风霜雨雪，老陈的背篓伴他 30 年，压弯了他的背，也压坏了他的颈椎，在他的双肩上勒出了厚厚的老茧，但无论什么困难也压不垮陈方见对邮政事业的那份忠诚。

陈方见的工作得到了社会和广大群众的认可，2006 年他先后被评为"湖北邮政年度十大新人新事""湖北省职工职业道德十佳标兵""湖北省五一劳动奖章"和"2006 年度恩施州十大新闻人物"，2007 年又被中华全国总工会授予"全国五一劳动奖章"。

点评：俗话说，三百六十行，行行出状元。无论从事什么工作，我们都有一个共同的责任，那就是服务社会，共促发展，并以此来实现人生价值。细读陈方见的故事，我们发现：支撑乡邮员们几十年如一日忘我工作的原动力，就在于他们对社会、对群众那份炙热的情怀，以及对事业的无限忠诚。日复一日，他们不厌其烦地传递着党和国家的政策信息，传递着远方游子思乡的亲情友情。或许有一天，背篓邮路会淡出历史舞台，但邮政的普遍服务依然会继续下去，依然会用背篓邮路的精神，忠诚地履行着"有人烟的地方，就有中国邮政的普遍服务"的铮铮誓言。

第五章　职业生涯阶段管理

第一节　职业生涯管理概述

一、职业生涯管理

（一）职业生涯管理的概念

职业生涯是一个人一生中的所有与其职业相联系的行为、活动及相关的态度、价值观、愿望等连续性经历的过程。职业生涯管理是指组织和员工本人对职业生涯进行设计、规划、执行、评估、反馈的一个综合管理过程。它包括个人职业生涯管理和组织职业生涯管理。

个人职业生涯管理，是个人为自己的职业发展需要而进行的自我职业生涯的设计、规划和管理。组织职业生涯管理，是组织为了自身战略发展的需要，而协助员工规划其职业生涯，并为员工职业生涯发展设计通道，提供必要的教育、培训、轮岗、晋升等发展机会。在企业中，员工既是职业生涯管理的对象，又是职业生涯管理的主体，员工的自我管理是职业生涯管理成败的关键，同时，个人职业生涯管理又离不开组织，因为个人的职业发展离不开组织提供的培训、经费、时间、机会、制度保障等条件。因此，员工的职业发展应服务于组织的发展战略，组织应成为员工职业生涯管理的主导。

（二）职业生涯管理的定位

概括而言，职业生涯管理应有以下定位。

1.员工与组织双向的职业活动

关注企业经营目标的实现，也关注员工个人目标的实现。在职业生涯管理中，要满足组织和员工的双重需要。从根本上说，组织和个人的需要应当是一致的。一方面，员工个人自我价值的提升和实现，离不开组织在人、财、物及时间上的保障，一旦职业生涯管理无法满足组织发展战略的需要，职业生涯管理活动必然要因为失去组织的支持而终止；另一方面，员工是职业生涯管理的主体和对象，缺乏员工的积极参与，职业生涯管理活动也必然逃脱不了失败的命运。所以，职业生涯管理的难点，就是如何把企业发展战略和员工自我价值有机结合起来的问题。在现实中，许多地方都面临着人才流失的问题，当然其原因是复杂多样的，但从企业职业生涯管理方面考察，其根本原因就是没有以"人"为中心，寻求"人"与"工作"相互适应的契合点，没有将"人"的发展与企业的发展有机地结合起来，没有在满足企业发展需求的同时满足"人"的需求。

2.员工与组织双方动态的运动过程

双方必须协调与统一、变化与适应。组织目标和员工个人的需要都处在不断地变换之中，组织必须时时把握员工的动态，有效地激发员工学习与工作的热情，有效地引导员工追求自我价值的实现，使员工的个人提高与企业的目标和发展计划相结合，把既有人才的潜能变成显能，然后转化为效能，实现价值增值，最终达到员工个人发展、自我实现与企业发展的双赢。

3.坚持以员工自身发展需求为目标

按照心理学家马斯洛的划分，人的需求从低到高共有五个层次，即生理需求、安全需求、社交需求、尊重需求、自我实现需求。当较低一级需求基本上得到满足之后，追求较高等级的需求就成为继续努力的主要动力，满足了的需求则不再是激励的因素。组织职业生涯管理的出发点应为"以人为本"，以员工自身发展需求为目标认真研究员工的心理发展特点，从尊重员工的权利和意见出发，切实围绕着调动员工的主动性、积极性和创造性来展开。

4.强调组织给予员工职业发展机会

由于尊重和自我实现需求是永远得不到完全满足的，因而这些需求具有持久的激励作用。组织行为学家近年来提出了外在性与内在性需要的概念，用这种分类法替代了传统的物质性需要和精神性需要这种不够严格的分类方法。外在性与内在性需要的区别在于，外在性需求不能在工作活动本身中求得满足，能满足它们的资源存在于工作之外，控制在组织、领导和同事手中，因而工作是手段性的，如金钱与表扬。内在性需要则相反，它们的满足通过工作活动中的体验才能实现，如领会工作活动中的趣味及任务完成时的成就感等，因而工作活动本身便具有目的性，而满足此种需要的资源就存在于工作过程之中。组织职业生涯管理者应充分认识到员工的这种内在性需要，为员工提供职业发展的机会，因为这种工作内部蕴含的资源，对员工的激励作用是强有力且不可替代的，是持久的、低成本的甚至是无成本的。

（三）职业生涯管理应当做到个人与组织相互结合

组织要为个人提供时间保障、经费保障、制度保障、机制保障，使组织目标与个人需要和发展相互结合。个人也要努力争取，抓住发展和上进的机会。

二、职业生涯管理的意义

1. 有利于应对社会的经济变革

我国正处于一个变革的时代，变革必定带来社会和经济组织的不断调整和变化，因此一些企业的兼并、破产、倒闭和另一些企业的崛起是常有的事。为了应对这样的急剧变化，合理的职业规划有助于提高自己的职业适应性，使自己泰然面对社会经济变革的挑战。

2. 有利于组织和员工保持学习的积极性

创建学习型的组织，促进员工接受继续教育，是职业规划管理的重要内容。在知识经济中，不学习就意味着落后和倒退。通过职业规划，可以让组织有针对性地安排员工的教育和培训，提高员工学习的积极性。

3. 有利于组织和员工保持竞争优势

做好职业规划的管理是企业持久激励员工的良好措施，鼓励员工的发展，关心员工的成长，更能调动员工的积极性和创造性。而员工个人的职业规划管理可以发挥其长处，弥补其短处，保持他在激烈竞争中的优势。

4.有利于人力资源的合理配置

通过职业规划管理，使组织清楚员工的优点和缺点，而员工也清楚各个职位的任职要求、岗位职责、发展方向，这有利于人岗匹配、合理利用人力资源。

5.有利于改善组织的文化建设

职业规划管理有助于树立员工的主人翁意识，凝聚一大批有抱负、有能力、高素质、对企业忠诚的员工。这样可以使员工留恋组织，形成积极向上、热爱集体的文化氛围，拒绝高薪和其他诱惑，保证员工队伍的相对稳定。

6.有利于协调好工作与家庭的关系

职业生涯的周期和家庭生活的周期是并行发展、相互促进和相互制约的。做好职业生涯规划的管理，有助于处理好职业和家庭的关系，实现工作与家庭的平衡。

7.有利于实现自我价值

职业生涯的成功莫过于实现自我价值。通过职业生涯规划的管理，可以使自己明确发展的目标，制订完善的计划，提高自己的能力，修正自己工作中的缺点和错误，保持发展的动力，不断地提升自我和超越自我，最终实现自己的理想和追求，达到自我实现的境界。

三、职业生涯管理的主要特征

1.能满足组织和个人的双重需要

职业生涯管理能满足组织和员工的双重需要。一方面，员工通过职业生涯管理，更好地实现和提升自我价值；另一方面，企业的发展战略和员工自我价值实现有机结合起来，就可能极大地提高员工的积极性与创造性，实现人性化的以人为本的管理，把"要我做"转变为"我要做"，充分发挥员工的主人翁作用，提高工作效率，提高实际效益，实现企业的经营目标。

2.员工和组织共同承担责任

近年来，职业环境发生了很大的变化，公司和员工之间的关系已经改变了，终身雇佣的时代已经结束，取而代之的是"可终身雇佣的能力"。公司和员工要共同承担责任，雇主有义务提供员工自我提高的机会，而雇员也必须把握自己的职业命运。

3. 有完整的组织管理和信息系统

包括对以下内容的完整组织管理和完善的信息系统。

（1）组织的发展战略、经营理念、制度、价值观。

（2）人力资源的供求情况，职位空缺、晋升制度。

（3）员工的个人情况。

（4）员工的工作业绩及工作表现。

（5）员工个人的需要、价值观、发展目标。

4. 管理形式的多样化和内容的广泛性

从单一的个人职业管理到企业与个人双向的职业管理形式，从关注个人职业发展扩展到个人与家庭发展的协调，随着社会的进步，职业管理的形式越来越多样，所包含的内容也越来越广泛。

5. 伴随着人的整个职业生命周期

一个人的职业生涯是一个长期的过程，伴随着人的整个生命周期。所以应有一个整体的职业生涯规划，但整个人生职业生涯规划是一个笼统的概念，很难具体地实施。比如，制订一个人生职业生涯规划，要成为一个掌握上亿资产公司的总经理。要达到这个目标，就要把这个规划分成几个中等的规划，如什么时候成为一个部门的主管，什么时候成为一个部门的经理，再把这些规划进行进一步的细分，把它分解为直接可操作的具体计划，如为了达到总经理的要求，攻读MBA工商管理硕士学位、丰富管理理论知识、从事不同的职业、熟悉各个业务流程等。这样我们就可以把整个人生职业生涯规划分成几个长期的规划，长期的规划再分成几个中期的规划，中期规划再分成几个短期的规划，一步一步实现它。

6. 既有发展阶段的可变性又有管理过程的动态性

（1）重视人的潜能的开发。

（2）量才使用。

（3）人岗匹配。

（4）自主择业，双向选择。

（5）打破终身制。

（6）鼓励人才流动。

四、职业生涯管理的主要任务

1. 做好职业生涯发展规划

即根据所处的工作环境和个人的自身条件，制订个人的职业发展规划，明确发展的目标和实现目标的手段和措施，并要确认个人的发展规划和组织规划相一致。

2. 确定组织的人才规划

根据组织的发展战略目标、方向预测组织的人才需求，设计工作岗位，制定升迁制度，选拔合适的员工，加强员工的培训，形成总体的组织人才规划。

3. 开展与职业管理相结合的绩效评估

绩效评估是职业管理的重要手段，人岗是否匹配，可以通过绩效来加以检验。员工通过绩效评估，了解自己的职业规划是否符合本人实际，明确自己的优点和缺点；组织通过绩效评估获得任免、晋升、选拔、培训员工的依据。

4. 进行职业生涯发展评估

经济、社会在发展，职业环境也处于多变之中，因此，个人也好，组织也好，并非制订一次规划就可以受用终身，而必须根据变化了的情况，经常评估职业发展规划，总结经验教训，并依据现实情况有所修订、有所发展。

5. 进行职业适宜性调整

对于每一个进入职场的人，都应当对自己的职业进行探索。一旦发现自己不适合某一职业或某一岗位，就应当进行职业适宜性的调整。这种调整包括个人的职业目标，以及个人为实现目标应如何努力等。

6. 制定职业生涯发展措施

对于个人来说，主要是如何通过教育培训、实际工作的锻炼不断提升工作能力，提高职业竞争力。对于组织则主要是通过工作扩大化、丰富化，增加挑战性工作和增加工作责任，对工作突出的员工给予晋升职位、薪酬等各种激励措施，引导和帮助员工实现职业规划，实现个人和组织的双赢。

五、人力资源管理部门的主要职能

1. 引导与吸引职能

杰克·韦尔奇说过："我们能做到的所有事情就是把赌注押在我们挑选出的人身上。"流水不腐，户枢不蠹，保持适当的员工流动率，不但可以优化公司组织的人员结构，提升企业在人力资源方面的竞争能力，而且对企业未来的发展能起到有效的推动作用，帮助企业早日实现组织愿景。然而，过高的员工流失率，却使很多企业都处在"招聘—流失—再招聘—再流失"的恶性循环之中，严重影响了企业的经营活动。引导职工、吸引职工、招聘员工、留住人才，是人力资源管理部门的主要职能。

2. 安排配置职能

人员流动中应贯彻以人为本的原则，根据人力资源的特点和特长，扬长避短，充分发挥人力资源的作用。合理处理人与事、人与人之间的关系，以更好地实现组织目标和个人目标。为处理好人与工作的关系，必须详细了解不同岗位、不同职位的工作内容，及工作对人员资格条件的要求。同时要尽可能全面了解公司人员与工作有关的个人信息，如能力、受教育程度、性格、身体状况、家庭背景等，以谋求人与事的科学结合，做到人岗匹配、挖掘潜能、扬长避短。要制定绩效评估与激励规划，实行业绩导向，奖勤罚懒，奖优汰劣，提高员工的积极性，激发其潜能，改善组织绩效。

3. 计划管理职能

人力资源市场的建立和完善，大大缓解了我国在人才流动问题上的矛盾，为人才选择单位和职业，单位选择人才提供了方便。同时，人力资源部门还必须通过现代信息手段，分门别类地收集、储存各类流动人员和用人单位人才供求信息，建立人才数据库和各类人才的人事档案，形成大容量、多层次、多功能的人才供求信息网络。预测人才供需，制订招聘、提拔、轮岗、培训、辞退等计划。

4. 职业发展职能

人力资源部门应根据供需双方情况和市场经济的需要，对员工进行教育、培训，开发职工的职业能力。

5. 工作评价职能

人力资源部门要考核员工的绩效，检验岗位胜任情况、员工满意度情况，以优化人员结构。绩效考核的内容包括工作结果和工作态度两个方面，前者反映"做了什么"的问题，后者反映"如何做"的问题。

6. 岗位调整职能

岗位调整包括对职工的招聘、晋升、转岗、轮岗、辞退、解雇。

第二节　职业生涯早期管理

从个人的角度而言，其职业生涯发展阶段可分为早期、中期和后期等不同的时期和阶段。在不同的时期，由于员工个人生命特征的不同，其所面临的职业生涯发展任务也各不相同。因此，不同阶段的职业生涯管理任务也存在着明显的差别。

职业生涯早期阶段，是指一个人由学校进入组织并在组织内逐步"组织化"，并为组织所接纳的过程。这一阶段一般发生在 20 ~ 30 岁之间。

一、职业生涯早期的个人特征

一般来说，步入社会工作的前五年都可以看作是职业生涯发展的早期阶段。在职业生涯早期阶段，每个人都正值青春时期，无论个人生物周期、社会家庭周期还是从生命空间周期来看，其任务都比较单纯、简单，如进入组织、寻找职业锚、向成年人过渡等。及时了解和正确分析这一阶段的个人特征，有利于我们更好地认识自己，使自己更快地进入职业角色，融入组织。在这一时期，个人突出的特征主要如下。

（一）积极进取，争强好胜

进取心是一种积极的推动力量，这种心态可以促使自己不断努力向上，以求发展。但由于年轻气盛，难免会表现得浮躁和冲动，在职业工作上不愿从小事做起，很少检查自己的缺点和不足，看高自己的实力和能力而低估他人；工作出现失误只会找客观原因而不愿找主观原因；在工作团队中，由于个人争强好胜可能会危及人际关系的和谐。

（二）充满朝气，踌躇满志

在职业生涯初期阶段，对于初次就业的青年人来说，初生牛犊不怕虎，他们具有远大的职业理想和抱负，敢于挑战困难，对新生事物接受快，成功的心理要求强烈且精力旺盛，充满朝气，事业心强。但随着工作时间的延长，他们的冲劲会受到分化。一种情况是，如果工作比较顺利，个人得到重用，则工作能力得到提高，工作经验也逐步积累，再加上对周围工作环境的进一步熟悉，他们的职业竞争力就不断加强，对职业成功的信心也会不断增加，更加坚定做出一番事业的决心。另一种情况是，如果工作受到挫折，自信心就会受到影响，工作的积极性受到打击，做事也会变得前怕狼后怕虎，事业心也会打折扣。

（三）初筑爱巢，组建家庭

在职业生涯早期，通常是个人处于单身向组建家庭过渡的时期，这一时期的家庭问题较少，任务较轻。但由于开始组建家庭或有了孩子，就不可避免地会产生处理同配偶的关系和承担抚育子女的任务。这一时期家庭的责任是使员工自我意识逐渐削弱，家庭观念增强，逐步学会处理好家庭关系，开始具有养家的动机和责任心。

在职业生涯早期阶段，个人还是职业新手，一切都还在学习和探索之中。了解这一阶段的心理特征，更好地利用优点和避免缺点，将对职业生涯发展产生重要的影响。

二、个人组织化

组织化是指应聘者接受雇佣并进入组织后，由一个自由人向组织人转化所经历的一个不断发展的过程。刚毕业的大学生，是从一个学生转变为一个职业人的过程。它包括组织向其雇员灌输组织及其部门的经营理念、价值观和行为模式、规范等。它是组织与个人互相测试和相互考察的时期，是个人适应组织、融入组织的过程，是社会化的重要组成部分。

在个人组织化的过程中，雇员自身与组织两者相互作用，缺一不可。

（一）雇员在个人组织化过程中承担的任务

雇员新进入一个组织，对组织的规章制度比较陌生，对即将负责的工作也很生疏。这个时候，最重要的是安下心来，踏踏实实地虚心学习，提高自己的业务能力；与同事及上司融洽相处，建立良好的人际关系；韬光养晦，积累工作经验，使自己尽快地融入组织生活。

（1）掌握职业技能，学会如何工作。新雇员进入工作岗位后，首先要做的就是弄清岗位职责，学会如何工作；克服依赖心理，学会独立工作；从小事做起，树立良好职业形象；虚心向前辈学习，踏踏实实把每一件小事做好。

（2）适应组织环境，学会与人相处。要接受组织现实的人际关系，不要陷入是是非非；要尊重上司，学会与上司融洽相处；要寻找个人在组织中的位置，建立心理认同。

（3）正确面对困难，学会如何进步。面对困难与障碍，千万不要心灰意冷、畏缩不前，而必须学会如何解决障碍和困难。因为这不仅表明你个人的能力、素质、精神，而且在很大程度上决定了你未来的职业发展道路。要在困境中不断反思、总结，学会如何进步。

（二）个人组织化中的主要问题

在职业生涯早期阶段，个人由于对组织还不十分了解，与上司、同事之间尚不熟悉，处于相互适应期。常常由于未能察觉彼此的需要和适应组织的特点，而引起某些矛盾和问题。这一时期常见的问题主要如下。

1. 现实冲击

指新雇员对其工作所怀有的期望与工作实际情况之间的差异所引起的新雇员心理冲击。在一个人的职业生涯初期，每个人可能都希望去寻找一份富有挑战性的、激动人心的工作，希望这种工作能让他们发挥自己在学校所学到的新知识、新技术，证明自己的能力以及有获得提升的机会。但往往他们较高的工作期望所面对的却是枯燥无味和毫无挑战性的工作现实，如陷入错综复杂的部门间冲突和政治斗争，或被委派到一个并不重要的低风险工作岗位上等。现实的冲击会使一部分人对组织和自己失去信心。对于这种现实冲击，应针对个人情况进行分析，看是组织的原因还是自身的原因，是否自己的期望过高，争取早日找到解决问题的方法，把自己融入现实的工作环境之中。

2. 新雇员难以得到上司的信任和重用

当个人刚刚进入一个组织时，由于对组织的人员和环境都不了解，组织对其也缺乏深入的了解，自然很难立即取得上司的信任。在这种情况下，上司往往认为只有等到新雇员真正了解公司运作的真实情况后，才让新雇员承担重要的工作，因此最初交给新雇员的工作往往是过于容易和较乏味的。在这种情况下，新雇员应该尽快去熟悉组织的文化和制度、工作要求和流程，虚心地向老员工学习，树立良好的形象，以踏实的工作作风和出色的工作成绩赢得上司的认可。

3. 组织中其他成员对新雇员心存偏见或嫉妒

由于年龄和时代的差别，代沟在新老雇员之间是不可避免的。组织中的老雇员常常会对新雇员存在某种偏见或成见，认为新雇员幼稚单纯、经验不足等，这种成见可能有其合理、符合事实的地方，但同时又有很大的片面性。原因是新雇员进入组织时，会给老雇员一种威胁感。这是因为新雇员常常比他们有更好的教育和较高的起薪，所以他们无形中会拉开和新雇员之间的距离，产生一些偏见也就不足为奇了。

如果不能很好地处理这些问题，对于个人来说，将阻碍个人职业生涯发展；对于组织而言，将造成人力资本投资的浪费，人才流失或埋没，破坏组织文化。

当然，这些只是具有普遍性的问题，它们会因组织管理和文化的不同而有不同程度的表现。通过分析和了解这些问题，我们可以更好地融入组织、进入职业生涯角色，更好地促进职业目标的实现。

（三）组织在个人组织化过程中应承担的责任

1. 对新雇员进行上岗引导和岗位配置

新员工上岗引导是指给新员工提供有关企业的基本背景情况，包括工资如何发放和增加、工作时间和休假的安排、新员工将与谁一起工作等。类似这样的信息对帮助员工迅速进入角色是十分必要的。对员工最初的上岗引导，有助于减少新员工上岗初期的紧张不安，以及可能感受到的现实冲击。目前，在许多公司里，上岗引导活动已经远远超出了向新员工提供诸如工作小时数之类的基本信息的范围。越来越多的实践证明，上岗引导可以带来其他好处。因此，上岗引导便成为员工目标与企业目标一体化的开端，而这个过程则是赢得员工对公司及其价值观和目标的信任的一个步骤。通过这些内容的融入，使参加活动的员工潜移默化地接受了企业的使命、团队价值观、改进和解决问题的方式等企业文化的内容。这是赢得新员工对企业及其目标和价值观信任的重要步骤。

2. 提供一份富有挑战性的工作

对于新员工来讲，企业能够做的最重要的事情之一就是争取为新雇员提供的第一份工作是富有挑战性的。比如，在一项以美国电报电话公司（AT&T）的年轻管理人员为对象的研究中，研究者们发现，这些人在公司的第一年中所承担的工作越富有挑战性，他们的工作也就显得越有效率、越成功，即使是到了五、六年之后，这种情况依然存在。提供富有挑战性的起步性工作是"帮助新雇员取得职业发展的最有力然而却并不复杂的途径之一"。然而在大多数组织中，提供富有挑战性的工作似乎并不是一种普遍的事实，反倒更像是一种例外情况。比如，在以研究开发性公司为对象的一项调查发现，在 22 个公司中，只有 1 家公司有正式的向新雇员提供富有挑战性工作的政策。而这正如一位专家所指出的，如果考虑到在招募、雇佣和培训新雇员过程中所花费的大量精力和金钱，我们将不难看出，这是一个多么巨大的"管理失误"。

3. 在招募时提供较为现实的未来工作展望

最大程度地降低现实冲击并提高新雇员的长期工作绩效的有效途径之一是，在招募时就向被招募者提供较为现实的关于未来工作的描述，使他们明白，如果自己到企业中来工作，估计能够得到哪些方面的利益。在面试阶段（急于网罗到高素质候选人），招募者和求职者往往都会发出不真实的信息（急于将自己优秀的一面表现给招募者），很自然地，在发出不真实信息的同时，他们也都会接收到对方所提供的不真实信息。其结果是，面试主考人员对求职者的职业目标可能形成不了较为真实的印象，而求职者对企业也形成了一种较好的但也许是不现实的印象。

对未来的工作进行较为现实的展示所能起到的重要作用表现在，它能够显著提高那些被雇用来从事相对较为复杂工作的新雇员（比如见习管理人员、销售人员、人寿保险代理人员等）长期留在企业中的比率。这种做法已经被丰田公司和萨顿公司等一些企业成功地加以使用，这些企业坚持向被招募来从事装配工作的新雇员展示他们未来的工作是什么样子以及在企业中工作所接触的环境条件是怎样的。

4.对新雇员严格要求，并开展职业规划活动

在新雇员与其上级之间往往存在一种"皮格马利翁效应"，换言之，上司的期望越高，对自己的新雇员越信任、越支持，那么新雇员就做得越好。因此，正如两位专家所说："不要将一位新雇员安排到一位陈腐的、要求不高的或不愿提供支持的主管人员那里。"相反，在一位新雇员开始探索性工作的第一年中，应当为他或她找到一位受过特殊训练、具有较高工作绩效并且能够通过建立较高工作标准而对自己的新雇员提供必要支持的主管人员。

企业还应当采取措施，加强新员工对他们自己的职业生涯规划和开发活动的参与。比如，提供这方面的培训使员工意识到对自己的职业生涯加以规划以及改善自己的职业决策的必要性，通过培训使员工学到职业生涯规划的基本知识。同时，还可以利用工作绩效评价面谈的机会，根据每一位员工的职业目标来分别评价他们的职业生涯发展与进步情况，同时确认他们还需要在哪些方面开展职业生涯开发活动，以此来整合员工个人目标与企业发展目标，并据此来促进员工发展。

IBM公司所实行的广泛的新雇员开发计划是以所有的新雇员为对象的自愿参与计划。IBM公司强调，根据自己的工作兴趣和未来目标决定是否参与开发计划是每一位新雇员的责任。这样，管理人员就负责确认他们的新雇员是否有兴趣参与这些计划以及弄清楚自己下属新雇员的开发需要。尽管IBM公司的新雇员们通常都是根据自己的时间和精力状况来确定自己参与何种开发活动，但他们在进行自我开发的过程中都是得到公司的鼓励的："尽管参加这些新雇员开发的项目本身并不能保证你一定会得到提升、调动或变换工作，但它却肯定能够帮助你确定自己的工作目标、提高自己的能力。"IBM公司还制订了学费返还计划，当新雇员参与公司批准的由信誉较高的大学、学院、高中、商业学校或技术学校开设的课程或学习计划时，公司将全额返还新雇员所缴纳的学费成本以及其他各种合理的教育收费。

5. 开展以职业为导向的工作绩效评估，提供阶段性工作轮换和职业通路

"主管人员必须明白，从长期来看，向上级提供关于自己所属新雇员的工作绩效评价的有效信息是十分重要的，不能因为保护直接下属的短期利益而提供不实的信息。"因此，主管人员需要将有关被评价者的潜在职业通路的信息加以具体化——换句话说，主管人员需要弄清楚自己正在依据何种未来工作性质来对下属人员的工作绩效进行评价，以及下属新雇员的需要是什么。

同时，新雇员进行自我测试以及使自己的职业锚更加具体化的一个最好办法是去尝试各种具有挑战性的工作。通过在不同的专业领域中进行工作轮换（比如从财务分析到生产管理再到人力资源管理等），新雇员可以获得一个评价自己的资质和偏好的良好机会。同时，企业也得到了一位对企业事务具有更宽的多种功能视野的管理者。工作轮换的一种扩展情形被称为"工作通路"，它是指认真地针对每一位新雇员制订他们的后续工作安排计划。

三、组织与雇员的相互接纳

（一）相互接纳的内涵

相互接纳，是新雇员在职业早期，顺利经过进入组织和社会化阶段之后，个人与组织相互间进一步加深认识与了解，达到相互认同，成为组织正式成员，贡献于组织，并获得发展的过程。相互接纳具有以下特点。

（1）相互接纳必须是双方互相认同和接纳。只有单方的认同，相互接纳便不存在。

（2）相互接纳是雇员与组织之间关系的清晰化、明确化。

（3）相互接纳是一种心理契约。

（4）相互接纳是一个过程。这一阶段无确定期限，期限的长短受工作性质、部门类型、上司风格、组织文化、新雇员的业绩等诸多因素的影响。但是，一般是发生在受雇开始的几年内。

（5）相互接纳可以用具体事物标明。

（二）相互接纳的标志

1.新雇员接纳组织的标志

（1）新雇员决定留在组织中。尽管常常未加言明，但这是新雇员接纳组织和雇用条件的一个信号。尤其是劳动力市场充分开放，新雇员具有有效竞争力的条件下，这种滞留暗示了新雇员对组织和工作情境的真正接受。

（2）新雇员关注组织发展。新雇员关注组织发展，具有团队意识和参与意识，是新雇员留于组织和接纳组织的又一明显信号。它不仅服从组织，而且力求融入组织，注重发扬团队精神。

（3）新雇员信任组织，对组织充满信心。如果新雇员愿意接受不合意的工作、报酬或较低的职务等级，将之视为暂时的情况，相信和期待组织的许诺一定可以兑现，那么这将是新雇员接纳组织的又一信号。组织会向新雇员许诺在将来某一时间有富于挑战性的工作，增加工资或晋升，但目前需要接受枯燥的工作或低薪和低职务等级。如果雇员心甘情愿地暂时承受这些压力，表明他（她）信任组织，接纳了组织，对组织充满信心。

（4）新雇员发挥高水平的内在激励。这是新雇员接纳组织和工作情境的明显信号。高水平的内在激励及承诺，主要指雇员工作积极性、自觉性、创造性的充分发挥，表现为满腔热情地工作，拥有高度责任心、事业心，充分利用作业时间，承担更多的工作任务，积极参加高风险、富有创造性和挑战性的工作等。

2.组织对新雇员接纳的标志

相互接纳是组织与雇员双方的事情，但是，组织是主导的方面，主动权多数掌握在组织手中。新雇员可能对自己的职业工作感觉良好，然而，他（她）没有进入组织的决定权，也难以了解组织对自己的态度和是否决定接纳。但是，他（她）可以通过组织的行为和某些事情，判明自己被接纳的情况。

（1）正面的业绩评定。在第一次正式或非正式的工作业绩评定中，组织对新雇员给予正面的肯定和表扬，是表明组织接纳的最常见的事情。但是，这种做法往往是虚名，并不确定。当上司说你"进步不小，表现不错"时，可能表明你仍处于试用、考察期，并未确定组织一定接纳你。尽管如此，这总是一个准备接纳或有利于组织接纳的好信息。

（2）分享组织"机密"。表明组织接纳一名新雇员最普通和有意义的办法是向新雇员提供特种信息。特种信息是有关组织内人和事的"内幕""真相"。

（3）流向组织内核。企业内各级组织都有一个核心，或称内核。这是组织重大事情的决策和执行指挥部。对于有才干的、接受组织价值观的新雇员，组织很是信任，视其为骨干，向其直接通告组织意图，并听取他们的意见和建议。这种推动新雇员流向组织内核的过程，象征着组织在更大程度上接纳了新雇员。

（4）获得晋升。这是显而易见的有形奖励，新雇员对此很重视，将其作为组织接纳的证据。提升是一种垂直运动，意味着雇员职业发展穿越了一种等级边界。需要指出的是，流向组织内核不同于提升，没有发生职务等级向上的运动，只是反映新雇员同组织（核心人物或组织代表）关系的密切，以及自己在组织中的地位和作用有所提高。当然，流向组织核心也不同于穿越一种职能边界，进行横向运动的职能变换。在现实生活中，流向组织内核、提升和职能交换，有可能同时发生在一个人身上，但是，更多的情况则是只有流向组织核心的运动，而未必获得提升或经过一次横向变动。

（5）增加薪酬。这是组织对你的肯定和奖励。倘若是常规的、大家都有的提薪，并不意味组织真的已经接纳了你，很可能是你恰好赶上加薪。

（6）分配新工作。象征组织接纳的最重要的事件是，新雇员由暂时的、练练手的初次工作分配，转向第二次分配。新雇员进入组织后，例行分配给他们一定的工作进行培训是必要的。培训情况更多的是"练练手"或者"看别人干"，进行学习。如果训练的时间长达半年、一年甚至更长，表明组织对你的能力并不认同，不放心将更为正式和重要的工作分配给你。反之，则是组织接纳个人的重要信号。

（7）举行仪式活动。组织正式接纳个人后，往往会举行仪式，表明对个人的接纳。如增加薪金、使薪金与正式员工同步等。

四、职业生涯初期的建议

大学毕业生作为职场新人要融入新的组织，关键在于以下五点。

（1）从零开始，虚心好学。做事从零开始，从小事开始。事实上工作无小事和大事之分，每一件事都是组织的分工，做好每一件事，都是为组织添砖加瓦。

做好小事才能做大事，千万不要好高骛远，大事做不来，小事不愿做。要放下大学生的架子，虚心向一线员工学习，从基层做起，从小事做起。

（2）高度的事业心和责任心。遵守规章制度，认真履行工作的职责，不迟到，不早退，不畏艰难困苦，努力完成各项工作任务。对待工作要做到以下几点。

雷厉风行地工作。工作要说做就做，不要拖拉，不要延迟。工作拖拉，会给人工作态度不积极、工作作风不好的感觉。如果是销售人员，顾客肯定离你而去。如果是医生，病人肯定意见纷纷，尽管你医术再高明，病人也会充满怨气。

脚踏实地地工作。工作要多做实事，少说空话、大话。敢冒风险，敢闯敢干，但要遵循工作的规律，违反规章制度的事不要做，违反法律的事不要做，工作要多思前想后，思考前因后果、收益与成本，遇到问题不要越权，多请示、多报告，不要鲁莽行事。

善始善终地工作。工作要有头有尾，不要虎头蛇尾。初入职的员工，往往对工作充满希望和好奇，所以工作干劲很大，但是，随着时间的推移，新鲜感没有了，工作干劲也就随之消退，所以虎头蛇尾的事常有。我们应当开始有计划，结束有总结，领导交代的事情有回音。

积极主动地工作。接受工作任务，就要积极主动去做，克服困难，努力完成任务。例如，接待一个外地的客户，你要根据客户的重要程度，了解是否去机场或车站接他，是否安排住宿、就餐，什么时间去见经理，什么时间签订合同，如果他是从外地来的，是否需要陪他在本市观光一下，什么费用可以由公司负担，什么费用由他本人负担，是否要帮他预订返程票等。总之，在做一件事时，就要想到下一件事做什么，今天应当做什么，明天应当做什么，主动发现问题并解决问题。不要什么事都等领导安排，说一件，做一件，被动工作，而要根据自己的职责，把分内的工作做好。

（3）争取工作零差错、零失误。工作的失误会给组织带来损失和不良的影响。工作与学校考试不同，学校考试60分及格，而在工作中，即使万分之一的差错，也可能给顾客带来百分之百的痛苦与不幸。例如，产品有万分之一的次品或废品，没有被检查发现，买到这产品的顾客却是百分之百的损失，如果是食品或药品不合格，就会给人造成生命的威胁。医生的工作更是事关人命大事，万分之一的差错轻则给病人带来痛苦，重则损人性命。因此，要全心全意对每件事、每个人，争取工作零差错。

（4）工作有计划、有步骤，分清轻重缓急。工作很多，任务繁重，要学会计划，有次序地去完成各项任务。领导布置工作应当有记录，弄清工作的目标、完成工作的方式、方法要求，时间、经费安排，和谁合作，向谁报告。

（5）善于总结提高。经常反思自己在工作中的优点和缺点，不断总结工作经验。改正缺点，发扬优点，不断进步。

第三节 职业生涯中期管理

一般来说，从 30～50 岁为职业中期。在这一时期，人们往往已经定下了较为坚定的职业目标，个人的绩效水平可能会继续改进提高，也可能保持稳定，或者开始下降。这一阶段的重要特征是，处于职业中期的人已经不再是一个"学习者"，不会再有更多的犯错误的机会，如果犯错误将会付出巨大的代价，处于"输不起"的阶段，上有老下有小，怎么可能输得起？特别是在一个层级组织中，如果能够经受住考验，就可能获得更大的发展机会；反之，则可能要面临调整和变换工作等。

一、职业生涯中期个人的特征

（一）个人总体的生命空间特征

在职业生涯中期，个人处于生物、职业、家庭三个周期完全重叠期，生命运行任务最繁重，不同生命周期间的相互作用最强。在这一阶段，一方面，经过多年的打拼，积累了自己在本职工作中的专业经验和资历，成为本部门的中流砥柱，拥有较高的职业声望，进入了职业上的自我安定期。但是，与此同时，为了确立和保持自己的职业地位，不得不加倍地付出努力，由此面临着巨大的工作压力。另一方面，上有高堂下有妻房，扶老携幼，是家中的顶梁柱，是家庭的主要经济来源。此时，既要学会担当家庭责任，处理好同配偶、子女的关系，抚养、教育子女，又要为子女自立门户及随之而来的生活方式和角色变化做好准备，及时调整及建立与配偶的新关系；还要担当赡养父母的经济上和感情上的责任。在职业生涯和家庭方面，由于都需要分配大量精力，容易产生工作和家庭矛盾，而身体已不像二、三十岁时那样强健。在事业、家庭（父母、妻儿等）的双重压力下，很可能出现由生理、心理压力导致的职业倦怠综合症。这些因素既相互促进、相互推动，又相互制约、相互矛盾。

（二）个人的心理特征

到了中年阶段，个人就会重新审视自己的期待，以更理性、更宽容和更易于接受的观点来取代原先青春时代浪漫而不切实际的幻想。那些顺利度过这一阶段的人都对自己做过一番调整，例如，更换职业，发展新的兴趣爱好，鼓励自己进入新的创造发展时期。重要的是，他们为自己建立了可靠的目标，把新的方向建立在对可能性有充分了解的基础上。在职业发展中期，个人开始在心理上发生一系列变化，表现在以下方面。

（1）重新审视职业的价值观。

（2）重新定位家庭的角色。

（3）重新定位生命的意义。

（4）重新选择职业道路。

（三）个人能力和职业生涯特征

在职业生涯发展中期，个人职业认同感受到冲击，青春期心理冲突复活，意识到职业机会有限而产生焦虑，承认时间有限和生命有限的事实，产生心理变化。同时其职业能力稳步提高，并逐渐成熟，创造力最强，工作业绩比较突出。具体表现在以下三方面。

（1）职业能力稳步提高。

（2）创造力旺盛，工作业绩突出。

（3）职业发展轨迹呈现倒"U"型。

二、职业生涯中期危机与个人管理任务

（一）职业中期所面临的问题

人到中年，体力下降，知识老化，学习能力下降，对职位的接受力差（年轻人可以从基层做起，但中年人难以接受），又面临家庭、工作双重压力。这一时期，个人容易形成职业中期危机。职业中期危机对职业规划目标不明确，不爱学习，喜欢随意跳槽的员工尤其明显。这一时期所面临的主要问题如下。

1. 缺乏明确的组织认同和个人职业认同

一个人工作了十余年，却仍是混混沌沌，没有自己明确的专长和贡献区，也无显著绩效，这在按部就班丝毫不起眼的工作职业中尤为突出。一些流水线上的工人、一般职员，甚至某些中层经理，往往陷入既没有清晰可认同的工作、不被组织赏识，也没有显赫地位这种不为人所知的默默无闻的尴尬境地，不仅难以向家人或朋友讲述自己的职业工作，而且在一个基本的水平上，很难认同自己的贡献区是什么，自己的突出成绩、作为是什么。

如果一个人在其职业范围内出现这种问题，处于这种情境，那么将产生这样的结果：一是放弃工作参与，转向更多的关注工作之外的自我发展和自己的家庭；二是对工作本身失去反应，其积极性、兴奋点、注意力已不在工作上，却放在组织的奖酬上，例如对报酬、津贴、安全、工作条件等的计较上。

2. 现实与职业理想不一致

许多人在职业中期陷入一种自我矛盾之中，因为其现实职业发展同其早期的职业目标、抱负或理想不一致，大约有三种情况出现：①虽然从事自己梦想的职业，然而未取得所希望的成就；②自己的职业锚完全不同于最初的设想，现实的职业比最初的设想低，或者与早期的职业设想、抱负相比，更需要职业以外的其他东西；③实际获得的成就比预期高。

在职业中期，当第一种情况出现时，雇员往往产生失望、郁闷情绪，感到心灰意冷，丧失信心、热情和工作干劲。第二种情况的发生，或令雇员无奈、被迫认可，决定平平庸庸走完自己的职业生命周期；或者重估预期，揭示自己在早期职业阶段对职业、家庭和自我发展之间所做的交易，重新设计自己的生活。当他

全力以赴地工作，不想在家庭和个性发展方面费时过多时，他会根据内在和外在因素的约束，重新设计职业方向或改变自己的抱负，中年期就可能是一个高成长的个人发展阶段。或许他决定更少地参与工作，而更多地适应家庭，对待职业工作便多是平平淡淡予以应付了。第三种情况当然对将来的工作发展是有利的，只要做好本业，就能较平稳地发展。

3. 职业工作发生急剧转折或下滑

这一时期由于压力过大，或者没有及时更新知识，学校学习的知识已经老化，跟不上时代的步伐，许多人的工作会发生急剧转折或者下滑。而对于大多数人来说，中年属于"输不起"的阶段，很容易沮丧、消极，站不起来。

4. 人事关系及工作环境问题

一个人如果长期在一个单位工作可能和周围的同事、上司结下深厚的友谊，也有可能产生一些心结。如果长期待在一个地方，从事同一种工作，就会产生一些厌倦的心理，对工作失去兴趣，对事业放弃追求。尽管当前的工作单位、岗位都令人羡慕，甚至还有了骄人的工作业绩，但也会莫名其妙地跳槽，寻找新鲜与刺激，结果越跳越差。

（二）职业中期个人的管理任务

在职业中期，个人要不断学习新的知识，努力工作，力争有所成就。这一阶段还需要对早期职业生涯进行重新评估，以便强化或改变自己的职业理想，重新选定职业。

1. 保持积极进取的精神和乐观的心态

处于职业中期的员工，如果不被全面认同，或面临家庭危机，就会减弱甚至丧失原有的工作热情、积极性和进取心，只求平平稳稳安度后期职业生涯，不想也不肯对工作投入太多，参与太多。少数人因职业发展遇到的问题而失望、沉沦、滑向下坡，这将对个人、家庭和组织三方都不利。

2. 确定新的职业与职业角色

职业中后期，个人经历了较长时间的职业工作，面临新的职业选择。或者继续留在原来的职业锚位上，使自己的知识和技术更加精深和熟练，成为骨干或专家，通过一定的方式使技能通用化，更多地充当项目带头人和良师；或者离开原职业工作，寻求新的适宜的职业角色；或者进入行政管理领域，成为主管，从根本上改变职业角色。

3. 成为一名良师

个人职业发展的中后期，在工作和发展中的经验日益丰富，对他人非常重要。老员工可以承担的言传身教的角色有：老师、辅导员或教练。他们应作为正面的榜样，充当伯乐，作为人才的发现者、指路者、开门人、保护人和成功的带头人。

4. 维护工作、家庭、自我发展的平衡

生命、工作、家庭三个周期的重合，要达到平衡。要进行自我重估，重估自己的职业锚和贡献区，现实地看待自己的才干、表现和业绩，重新思考自己的成功标准和目标定位。对自己的人生进行重新定位，决定职业工作、家庭生活和自我发展三者的运作模式。对今后如何参与工作、如何适应家庭生活、如何取向自我活动进行决策。

三、职业生涯中期组织的管理任务

（一）组织职业生涯管理的原则

1. 双赢的原则

人才，特别是处于关键管理技术岗位的人才是企业的一种重要竞争力，这已成为一个不争的事实。当这些员工处于职业高原出现心理危机时，必然对企业的生产效率和经营效益产生很大影响。而帮助员工克服心理危机，走过职业高原，对企业、员工都有好处，是一种"双赢"的做法。

2. 沟通的原则

组织要与员工进行充分和有效的沟通，了解员工的心理问题，了解其家庭困难，才能对症下药。

3. 因人而异的原则

社会上普遍认为，晋升是职业成功的最重要标志之一。然而在企业中，能够得到晋升的员工毕竟是少数，更多的员工将会在职业生涯中期或更早的阶段遇到职业"高原"。如果企业中的主流文化认同晋升为最重要的甚至是唯一的成功标志，那么大部分职业高原期员工都会感受到极大的压力，可能会为企业增加不必要的内耗。

企业应提倡职业生涯成功标准的多样化，因人而异，让员工了解职业生涯的成功标准不仅是晋升、财富，还有工作本身所带来的乐趣，工作经历的多样性及不断地自我完善等。

4. 重点管理的原则

在职业中期处于职业"高原"状态的员工一般有三类：①明星员工——工作绩效水平极高，也拥有很大的晋升潜力；②静止员工——工作绩效水平较高，但进一步获得晋升的机会很小；③枯萎员工——绩效水平没有达到组织可接受的水平，获得进一步晋升的机会微乎其微。

有晋升潜力的明星员工和绩效水平低的枯萎员工都很容易引起企业的注意力，而相当数量的绩效良好的静止员工却常被视为正常状况而不受重视。企业挽救枯萎员工需要付出相当大的成本，且不一定能得到预期回报。而明星员工虽然在员工人数中所占比重不大，但其绩效水平极高，对公司贡献大，如果在其处于职业"高原"状态时未能得到适当的管理，则很有可能会离开企业，给企业带来巨大的损失。至于静止员工，其绩效水平较高，却没有得到应有的关注，很可能会因此而演变成枯萎员工，这同样会增加企业的成本，造成不小的损失。所以，企业在进行职业高原管理时，应把明星员工和静止员工作为主要管理对象。

5. 动态管理的原则

可以采用岗位轮换和使工作丰富化的方法。岗位轮换，是指使员工在同一水平的职位上轮换工作，通过多样化的职业活动，以提高能力、避免职务专业化所产生的厌倦。无论原来多有创造力的员工，长期从事某一项工作，大部分人都会产生厌烦感，流于照章办事。适当的岗位轮换能使员工保持对工作的敏感性和创造力。另外，有些员工在遭遇职业高原后，认识到自己有从事其他工作的潜力，而岗位轮换能给这些员工一个发挥潜能的机会。还有，岗位轮换使职业高原期员工对环境的适应力增强，培养了员工多方面的能力，提升了员工价值。岗位轮换带来的这些好处，是晋升和金钱无法替代的。

工作丰富化，是指工作的纵向扩张，它增加了员工对计划、执行以及工作评价控制的程度。丰富化后的工作应当允许员工以更大的自主权、独立性和责任感去从事这一项完整的活动。这种任务还应该能提供充分的反馈，以使工作者可以评价和改进自己的工作。这种方法通过扩大员工的工作自主权和加重责任而增加工作的吸引力，减轻高原期员工对工作的倦怠感和由晋升困难而产生的心理压力。

（二）组织管理的措施

职业生涯中期，组织管理的措施主要有以下几点。

（1）帮助雇员自我实现。通过提拔晋升，畅通职业通道；安排富有挑战性、探索性的职业工作；实施工作轮换；赋予其良师角色；改善工作环境。这些做法都可以激发员工的工作热情，预防和处理职业中期危机。

（2）建立内部晋升计划。首先，要破除论资排辈、求全责备的思想，树立用人所长、能者居位的观念。避免人才闲置，尊重他们的工作热情，对他们取得的成绩及时予以肯定和鼓励。实行自主灵活的精神激励手段，对核心人员给予政策倾斜。其次，要引入合理的内部竞争。在企业内部营造竞争气氛，树立凭借努力和才能获得发展的范例，调动员工积极性，发掘员工创造性，让人才在不断超越中产生成就感、满足感。海尔集团在内部员工中实行"赛马"制。让每位员工都有工作压力，在"赛马"过程中经受锻炼，增长才干，也能感受到公平性的存在，增强他们的自信心。最后，要在企业内部建立通畅的内部选聘渠道。内部晋升是企业内部员工的特别权利，是对员工在本企业内部工作的一种资格奖励。这些都给员工提供了更好的发展机会，能更好地体现出精神激励的公平性。

（3）努力促进雇员发展。个人为组织作出了贡献，同时也期望能在组织中得到进步。这种进步不仅是物质上的，还有自身素质和精神上的。组织应提供机会，进行交流和学习，努力促进雇员自身的发展，并使他们意识到自己在组织中所得到的东西是极具意义的，从而将个人发展与组织发展完美结合起来。

第四节　职业生涯后期管理

一、职业生涯后期个人的特征

按照我国现行的劳动制度规定，员工退休年龄男性一般为60周岁，女性一般为 55 周岁，所以，在职业生涯后期阶段员工的年龄段为 50～60 岁。由于职业性质及个体性别特征、身体状况的差异，个人职业生涯后期的起始时间也有明显的差别。尽管如此，处在职业生涯后期阶段的员工，不论性别、年龄、职业等有何种差异，但其工作发展的曲线和心理的状态都表现出明显的一致性。首先是意识到身体的老化，深感力不从心；其次是进取心逐渐下降，并安于现状等。但是，对于大多数从事管理和专业技术或其他业务工作的员工来说，在这一时期他们仍然维持着较强的工作活力，仍可能得到较快的发展。特别是职业生涯中期事业发展成功的员工，此时还可能得到提拔，担任组织的重要职务。因此，职业生涯后期也是人生发展的黄金阶段。

（一）个人家庭与心理特征

（1）个人家庭境况发生了很大的变化。父母辈大多过世，子女都已长大成人，相对中年时期的上有老，下有小，这一时期，家庭负担不再那么沉重，个人家庭境况的变化直接导致个人心理紧张度的明显降低。从积极旺盛的竞争意识，转而投向对温馨家庭生活的向往。充分享受家庭的天伦之乐成为他们的最大心愿。

（2）自我意识上升。从明确的组织目标意识，转而追求个人喜爱的活动。个人的兴趣爱好成为他们职业生活的主要内容。从工作的拼搏劲头，转而关注自我生命的健康。有利个人健康的活动及行为方式成为他们的最大需要。从开拓新的社会及人际关系，转到怀旧，渴望回到过去的岁月、渴望与过去社会及人际关系交往。

（3）进取心下降，安于现状。对于职业生涯中期获得职业成功的佼佼者，此阶段仍可以得到较快的发展，随着职务的提升或学术地位提高、技术威望上升，职业技能和工作经验更趋成熟。这一切仍可能成为一种推动力，推动着他们迈向事业成功的新阶段，并达到职业生涯发展的顶峰。但对于职业生涯中期危机没有处理好或职业发展平常的员工，面对生理机能的退化和失去组织要求晋升的年龄优势，职业进取心显著下降，转而追求平稳的、安于现状的淡泊人生。

（二）个人职业特征

（1）进取心、竞争力和职业能力明显下降。特别是处在知识老化和技术更新速度飞快的知识经济时代，处于职业生涯后期的员工由于体能和精力的衰退，进取心下降，导致学习能力下降，竞争力大大减退；其自动更新知识、技术的能力也难以和前一阶段相比。因而必然导致整体职业能力的下滑，乃至在职业岗位的竞争中丧失优势。

（2）权力、责任和中心地位下降，角色发生明显变化。在职业生涯中期，许多员工升至领导岗位或在团队负有重要责任，即使是普通员工，也多是组织中的骨干。娴熟的技能和丰富的工作经验，使其处于良师地位和责任、权力的中心。但随着退休年龄的临近，这一个个光环慢慢地被滚滚的"长江后浪"所淹没，并逐渐淡出权力和责任的中心。

（3）优势尚存，仍可发挥余热。尽管职业生涯后期阶段的员工在身体和某些智力方面有明显的下降趋势，但是他们在多年的职业工作中积累了娴熟的工作技能和丰富的人生阅历，足以弥补因年龄所带来的那些职业能力的退行性变化。他们仍占有经验、技能和智慧的优势，完全有条件、有能力做好本职工作并继续发挥良师的作用，而且他们熟知组织的发展过程，并深深地融入了组织文化之中，这些都是保证组织发展不可缺少的宝贵资源。

二、职业生涯后期个人的任务

根据国外最近的一项对 774 名企业人力资源主管调查表明，80% 的人认为，老年员工（55 岁以上）具有流动性小的特点；71% 的人认为，这些员工与年轻人一样具有掌握新技术的能力，即使是 60 岁以上的老人，他们仍然保持着一种继续工作的活力并仍显得才华横溢。在一家名叫"电子推销员"的互联网研究公司的 2000 年的一份报告中显示，在互联网使用者中，65 岁以上的人增长最快。这在一定程度上表现出他们接受新技术的意愿，越来越多的人打算把工作期限延长。因此，职业生涯后期阶段的员工完全可以坚守自己的工作岗位，为达成组织目标的实现发挥着自己的独特作用。

（1）欣然面对客观事实。要调整心态，学会接受和发展新角色。调整心态就要面对现实，保持健康的活力；扬长避短，寻求适合自己的职业角色。如当师傅、培训新员工、充当参谋顾问、提供工作咨询、从事其他能力所及的事务性工作等角色。同时，可以发展个人的兴趣爱好，满足过去难以实现的个人需要。如社交、钓鱼、养花、绘画、旅游、音乐、体育等过去喜爱，但又不能作为本人职业发展方向的活动。

（2）总结经验、教训，做好对年轻人的传、帮、带工作。总结经验，继续向前发展。对于一个事业有成、还有"更上一层楼"欲望的人，评估自己的贡献得失，将使其产生新的动力，并激励其沿着成功的生涯之路继续前行。同时，站好最后一班岗，将新人扶上马，并送上一程。

（3）退居二线，为年轻人让位。江山代有人才出，要增强活力，学会退居二线，为年轻人让位，将具体工作重心转移到团队建设上来。如帮助团队做些思想政治工作，成为组织与员工沟通的桥梁，积极参加团队与生活社区组织的活动，寻找新的满足源，或用新的工作活动、内容来充实自己的生活。

三、职业生涯后期组织的管理任务

虽然职业生涯的后期阶段没有中期那样漫长，但毕竟也还有不算短的10年左右的时间，人的生命烈焰仍在熊熊燃烧。对个人来说，他还有发展的需要；对组织来说，这一年龄阶段的员工又是一笔十分宝贵的财富。应该发掘他们为组织作出新贡献的潜能；帮助他们继续发展，并创造新的辉煌人生；帮助他们顺利度过这职业生涯的最后阶段，并给他们辉煌的职业生涯画上一个圆满的句号。这些都是组织义不容辞的责任。从这个意义上说，组织仍然肩负着员工职业生涯晚年设计与管理的艰巨任务。

1. 做好退休计划

这是临退休的员工最为关注的问题。良好的退休计划可以使他顺利地适应退休前和退休后的工作和生活，最终达到稳定组织从业人员心理、保持组织正常新陈代谢机能运转的目的。退休计划一般包括以下几方面内容。

（1）协助员工解决退休前所面临的一些问题。

（2）退休人员发展方面所需要的生活、工作技能及培训方式。

（3）福利、社会保障、医疗、住房、退休金等安排情况及计划。

（4）组织社区活动，建设活动场所。

（5）发挥余热和继续参加社会工作的办法等。

2.退休计划管理

（1）树立正确观念，坦然面对退休。组织要充分调动老同志的主观能动性，确保他们从离退休时可能产生的空虚、无聊和彷徨状态中解脱出来，坦然面对退休。

（2）开展退休咨询，落实退休行动。组建适当的顾问团体，对退休事宜提供咨询，使即将退休人员心中有底、落实退休行动。

（3）做好交接班工作，保证组织正常运作。逐步递减工作量，做好职业工作的衔接。组织安排工作时要充分考虑年龄与身体因素，为之选好工作的接班人，请其对年轻人完成传、帮、带任务。

（4）采取多种措施，做好雇员退休后的安排。制订工作重心转移计划，为他们发展个人兴趣创造条件。例如，多组织适合他们特点的活动、安排好他们的培训计划、多参加社会公益活动等，努力维护他们的归属感和自我价值感。

第六章　大学生创业教育与职业生涯规划

第一节　创业教育相关概念的界定

一、创业

由于研究者所处的角度、研究的视角不同，含义自然不同，对于"创业"的定义至今也没有权威的定论。国外对"创业"的定义基本可以分成三类。

（一）将创业定义为一种经济功能

经济功能观点强调创业在经济中的作用，代表人物是 18 世纪的理查德·康蒂隆，他提出创业隐含了承担以确定价格买进而以不确定价格卖出的风险。而琼·巴普蒂斯特·赛扩展了这一定义，提出创业包括了将生产要素结合起来的概念。熊彼特在《经济发展理论》一书中将"创新"的概念加入到"创业"的定义中，强调创业者在创新和应对经济的不连续变化的作用。

（二）根据创业者的个人特质而定义

这种观点称之为"个人特质观点"，持这种观点的学者重视对创业精神特征的研究和描述，进而定义出"创业"的概念。

（三）创业是一种方式或方法

美国哈佛商学院创业管理教授 HowardH.Stevenson 等人于 1999 年提出："创业是一种管理方法，它可以定义为无需考虑现有控制的资源去寻找机会。"而美国著名创业学教授 JeffryA.Timmons 在 NewVentureCreation 中将"创业"定义为："创业是一种思考、推理行动的方式，它为机会所驱动、需要在方法上全盘考虑并拥有和谐的领导能力。"

在国内，有的学者从经济功能的角度定义"创业"："通过寻找和把握机遇创造出新颖的产品或服务，并通过市场创建成企业或产业，从而实现企业经济价值和社会价值的过程。""创业以满足市场需要为目的，从根本意义上讲，创业是市场创新，是发现市场中的缺口并努力满足这一目标市场中的现实需求、激发潜在需求，而不是单纯的技术创新。"还有学者认为："创业有狭义、广义之分。广义上的创业，泛指人类一切带有开拓意义的社会变革活动。狭义上的创业是指创建一个新的企业的过程。这是一个创造出新颖的产品或服务（创造一种效用），并力求实现其潜在市场价值的艰难过程。简单地说，就是个人或者合伙设立公司、开办企业的过程，是开展的以创造财富为目标的社会活动。"

借鉴以上学者关于创业的定义，本书中论述的创业是指：个体根据市场需求发现的商业机会，为了自己的生存与发展，以自身条件的可能为基础，在符合社会法律和道德的前提下，以积累、积聚财富为目的，以经营现有的资源为手段，创造性投资兴办经济实体的经济活动。

二、创业教育

著名教育学家贝沙尔和图卢兹对创业教育的定义是：这是一种教学模式，教育与创造每一个对于商业创造或者中小企业发展有兴趣的人，集合各种信息，通过一些项目和计划提高创业意识、商业创造性或小商业的发展。他们指出，创业教育是对商业活动的各组合因素进行整合。美国学者柯林和杰克认为：创业教育是提供个人具备认知商业机会能力的过程，并使学生具备创业行动所需的洞察力、知识和技能。

（一）创业教育的定义

创业教育是由英文 Enterprise Education 翻译而来的，可以这样界定。

（1）进行从事事业、企业、商业等规划、活动、过程的教育。

（2）进行事业心、进取心、探索精神、冒险精神等心理品质的教育。

创业教育作为 20 世纪 80 年代后期西方国家提出的一种全新的教育理念，其核心理念是把培养学生的创业技能和创业精神作为高等教育的基本目标。

对创业教育的定义，学术界有多种说法。目前对创业教育的定义主要有以下四大类观点。

第一类观点来自国际上首次提出创业教育问题的柯林·博尔，他认为未来的人都应掌握三本"教育护照"：一本是学术性的，一本是职业性的，第三本是证明一个人的事业心和开拓能力的，即指"创业教育"。

第二类观点是分别从广义和狭义两个方面来阐释创业教育的。

1991年，创业国际会议的东京会议报告《通过教育开发创业能力》将创业教育阐述为："创业教育，从广义上来说是培养具有开创性的个人，它对于拿薪水的人也同样重要，因为用人机构或个人除了要求受雇者在事业上有所成就外，正越来越重视受雇者的首创、冒险精神，创业能力，独立工作能力，以及技术、社交和管理技巧等。"从狭义角度讲，创业教育是对学生创业能力的培养。通过开设课程、资助资金、提供咨询等方式使学生具备开办企业的能力。

对创业教育的定义众说纷纭，暂无统一标准，但其内涵应具有三层紧密联系的含义，即通过创业教育，培养青少年自谋职业、创业致富的能力和本领；通过创业教育，培养青少年从事创业实践活动所必须具备的知识、技能、能力和心理素质；通过创业教育培养具有开创个性的社会变革的参与者。

在高等院校领域内，创业教育是在大学素质教育的基础上融入创业素质的基本要求，具有独特功能和体系的教育。创业教育旨在提高学生创新精神和创造能力的基础上，增强自我创业的意识和能力，其实质就是要培养学生形成创业意识，掌握创业基本技能。我国学者席升阳认为："创业教育是使受教育者能够在社会经济、文化、政治领域内进行行为创新，开辟或拓展新的发展空间，并为他人和社会提供机遇的探索性行为的教育活动。"胡紫玲认为："创业教育是指开发和提高受教育者的创业基本素质，以培养受教育者创业精神、创业能力、创业心理素质和传授创业知识为主要内容，使之成为具有开创性人才的教育。"

第三类观点是以培养能够创造工作岗位的人为目标的创业教育。简而言之，创业教育就是培养创业者的活动。如我国著名学者顾明远认为所谓创业教育就是教育学生不应消极地等待单位招聘就业，而是应该在没有就业机会的情况下勇于自己创业。梁保国、乐禄祉认为开展创业教育，就要变学生被动接受就业指导为主动自我创业、自主发展。创业不仅是指创办企业，而且是在不同的行业开创事业，不仅是指为经济发展做贡献，而且是在科技、教育、文化等不同的领域为社会发展做贡献。创业教育鼓励学生敢于自主创业、学会自我发展，将被动的就业观念变为主动创业，即为自我就业。

第四类观点是以培养具备创业能力的创新型人才为目标的创业教育。1990年，毛家瑞、彭钢关于《创业教育的理论与实验》课题研究指出："创业教育是指以开发和提高青少年创业基本素质，培养具有开创性个性的社会主义建设者和接班人的教育；是在普通教育和职业教育基础上进行的具有独特功能和体系的教育。"

以陶行知的生活教育理论和创造教育理论为基础，可以将创业教育理解为：创业教育的培养目标是根据综合技术原理，培养具有从事一定职业劳动能力和适应社会生活能力的人，创业教育就是职业和创造相结合的教育。

综合上述内容，高等院校的创业教育可以定义为：创业教育是开发和提高大学生创业基本素质、培养具有创造精神和创业能力的高素质社会主义现代化建设者的教育。简单地说就是通过课堂教育、社会实践等方式培养能够创业的人才或者具备创业能力、创业素质的创新型人才。

（二）创业教育的主要内容

高等院校的创业教育应该以培养大学生的创业基本素质为目标，包括创业意识、创业精神、创业能力和创业品质。培养大学生具有自主创业意识、创业精神、自主创业能力和形成创业知识结构是保证高校创业教育开展和实施的有效途径，也是高校创业教育得以健康和持续发展的保证。

1. 树立自主创业意识

创业意识是指在创业实践活动中对人起到动力作用的个性心理倾向，包括创业需要、创业动机、创业兴趣、创业信仰和创业世界观等心理因素。创业意识可以衡量创业者的创业动力是否强烈。在某种程度上，创业意识和创业动力是成正比例关系的。一个有强烈创业动力的创业者，他的创业意识也更加强烈。培养受教育者的创业意识是创业素质的重要组成部分。高等学校开展创业教育，就是要引导学生树立正确的就业观，主动将所掌握的专业技能、知识、兴趣、需要、理想同社会的需要结合在一起，创造出新的就业岗位，更好地实现自己的人生价值。引导大学生树立独立自主、艰苦奋斗、勇于竞争的自主创业意识是创业教育的首要任务。

2. 培养创业精神

江泽民同志对我国新时期的创业精神作了精辟的论述："解放思想、实事求是；积极探索、勇于创新；艰苦奋斗、知难而进；学习外国、自强不息；谦虚谨慎、不骄不躁；同心同德、顾全大局；勤俭节约、清正廉洁；励精图治、无私奉献。这些都是大力倡导和发扬的创业精神。"值得我们深刻地领会和理解。

3. 形成创业知识结构

创业教育不是简单地给受教育者上几节创业教育课，也不是请成功的企业家做几场讲座，它是一项庞大的系统工程。足够的知识储备和完善的知识结构是大学生创业的支撑，还要具备一定的法律、企业经营管理、财务、专业、文史、政策法规、公关交际、销售、市场、产品设计等相关知识。第一，应具备扎实的专业知识。第二，应具备相关的法律知识，如工商注册登记、经济合同、税务、知识产权保护等。第三，应具备一定的管理知识，如人事管理、资金财务管理、物资管理、生产管理和市场营销管理等。第四，具备必要的财务知识可以使创业者更好地把握公司的资金流。最后，应具备相应的销售、市场知识，如商品需求、商品流通、商品销售、市场供求状况等。

创业者必须具备创业意识、创业精神、创业能力和创业品质等方面的创业基本素质，这才能为创业成功提供可能性和必要的准备。国家教育委员会副主任柳斌对此作了科学的概括："在人的全面素质中，不仅包括了思想素质、基础文化素质、技术和职业素质，还包含了创业素质；不仅德智体全面发展，而且应是社会主义现代化建设的开拓者、创业者，而所谓创业者，不仅要能创个人、家庭之小业，而且要为壮大集体经济，促进社会经济发展，为祖国繁荣富强大业，这就需要我们的新一代具有层次更高、综合性更强的创业素质。"

4. 提高自主创业能力

创业能力是一种能够实现创业目标的特殊的能力，具有较强的综合性和实践性。创业能力包括专业技能能力、经营管理能力、社交能力。专业技能能力是创业者所必备的基本能力，是从事职业活动所需要的技能和与其相应的知识。经营管理能力是一种较高层次的能力，它涉及创业实践的每一个环节。社交能力是一个开放的社会中能与同事、上下级协调合作，集体工作的能力。一个成功的创业者应该具备包括市场开拓能力、创新能力和经营管理能力、组织能力在内的综合创业能力。培养职业技术、形成创业能力的主要内容是专业能力和职业能力，所以必须加强大学生职业能力训练和职业道德教育，做到一专多能。

5.培育创业心理品质

健康的心理品质是创业成功的主要条件。创业心理品质对创业实践过程起调节作用，这与创业者的独立性、合作性、敢为性、克制性、坚韧性、适应性等方面有密切关系。独立性是指思维和行为不受外界和他人的影响，能够独立思考、选择行动的心理品质，独立性是创业者最基本的个性品质。社会是个大舞台，人与人之间需要合作才能互利，这就要求创业者具有合作性。敢为性是指果断的魄力，敢于行动、敢冒风险并敢于承担行为后果的心理品质。克制性是能自觉调节和控制自己的情绪和感情、约束自己的行为、克服冲动的心理品质。坚韧性是为达到某一目的，坚持不懈、不屈不挠并能够承担挫折和失败的心理品质。适应性是能及时适应外界环境和条件的变化，灵活地进行自我调整、自我转换的心理品质。创业心理品质主要包括创业动机、创业情感、创业兴趣、创业人格、创业意志等方面。在创业教育中，要培养学生具有乐观向上的创业心态，强烈的社会责任感，锲而不舍的毅力，顽强的意志，正直大气、勇于竞争和创新、善于团结合作共事的精神。

（三）创业教育的特征

了解和把握创业教育的特征有助于理解创业的内涵，具体讲创业教育有如下特征。

1.时代性

就业问题是世界各国共同关注的社会问题，严峻的就业形势制约了社会经济的发展。信息社会的瞬变、经济的转型需要教育向多元化发展；开放、竞争的时代需要教育培养创业型人才。

2. 创新性

创业的本身就是"创新"，革除原有观念中的陈旧想法，创造一切新的有价值的东西。创新是企业家对生产要素和生产条件进行"重新组合"，并引入生产体系。在实际的教学过程中也应该把本专业将来所从事的工作与当前所学的书本知识联系起来，渐进式地培养学生的创新思维，把创新的想法付诸实践，使其市场化和产业化。

3. 实践性

对创业者动手与动脑能力的培养是创业教育的实践性特征。让受教育者在实践中学会生存、学会做事，是对受教育者社会实践能力的培养，从而让受教育者更好地适应和融入社会。加强社会实践活动是创业教育的一个重要环节，通过社会实践，使受教育者能客观地面对社会现实，并根据社会需要提升自己的素质。

4. 超前性

创造是回顾过去展望未来的桥梁。基于过去的历史，改变现在的状态，创造新的价值，使受教育者更好地适应社会，这就要使创业教育者具有超前的思想，把握未来的发展趋势和时代的需要。创业教育的开展实施也要在一定程度上超前于社会发展，才能适应时代和社会的发展趋势。

5. 持续性

创业教育是一个长期持续发展的过程，伴随着受教育者创业的整个过程，是终身教育的一种体现，创业教育是创业者一个不断充实新内容，寻求新模式，并逐步深化和提高的平台。

6. 挑战性

创业教育主要培养创造、创新型人才，这就是创业教育对传统教育的挑战。创业教育的挑战性特质就是创业教育对传统教育的不足提出了批判，体现在创业教育的目标、内容、特征上。

（四）创业教育与就业教育、创新教育的关系

创业教育与就业教育、创新教育三者之间既有联系又有区别。

1. 创业教育与就业教育

创业教育和就业教育是高等院校在探寻满足社会发展不同需要的途径与方法

过程中的产物。它们既是两种不同的人才培养模式，也是两种不同的教育理念观。创业教育是以创造性就业和创造新的就业岗位为目的，而就业教育是以填补现有的就业岗位为价值取向。

创业教育本身就是为了解决就业，创造更多的工作岗位提供给社会和个人，所以，创业教育包含了就业教育。在这里对"创业"和"就业"的概念澄清是区分二者的关键。创业就是利用创新的思维和方法，创造出某种对人类、对社会或者对个人有益的具体成果。而就业则是"劳动者同生产资料相结合，从事一定的社会劳动并取得劳动报酬的活动"。

从业和创业是就业的两种形式。在 21 世纪 90 年代末以前，我国高等院校毕业生通过统一分配从事工作。高校扩招以后，打破了传统的就业观念，改革了就业主体的自主权，毕业生和企业单位通过"双向选择"签订就业协议，充分体现了毕业生自主权，实现了毕业生的流动性。就业制度改革以前，中国高等院校的毕业生，实际上就是在社会现有的工作岗位上工作，即以从业方式实现就业。如果是开工厂办企业，那就是在自己获得职业岗位的同时，还给社会提供工作岗位。应该说，自主创业的就业观是我们应提倡的一种比自主择业依附性更小、主体意识更强的就业观。如果站在就业的角度，把以解决受教育者的就业问题作为直接目的的教育称为就业教育，那么创业教育无疑是从属于就业教育的。创业教育理念在高校的形成和确立，将大大地拓宽就业教育的发展空间。所以，创业教育与就业教育之间存在辩证统一的关系。就业教育的概念先于创业教育，就业教育在计划经济的体制下，社会生产力不发达的情况下，可以满足毕业生在有限工作岗位的分配。但是，在市场经济的体制下，有限的工作岗位面临巨大的就业压力，创业便是解决毕业生就业压力的最佳途径。

2. 创业教育与创新教育

创业教育是培养受教育者具有创业意识、创业精神、创业能力和创业品质等各种创业综合素质，并最终使受教育者具有一定的创业能力的教育。创业教育是指受教育者在混乱无序、变化和不确定的环境中勇于承担责任，积极主动地寻求与把握机会，高效地整合与利用资源，明智地决策、创造性地解决问题，创新并创造价值的过程。创业教育既指向目标达成，有时也指向"创造性的破坏"，因此，创业教育首先不能仅仅被当作一种纯粹的、以盈利为唯一目的的商业活动，而是渗透于人们生活中的一种思维方式和行为模式。

创新教育就是使整个教育过程被赋予人类创新活动的特征，并以此为教育基础，以培养创新人才和实现人的全面发展为目的的教育。所谓创新人才，应该具有创新精神和创新能力。其中，创新精神主要由创新意识、创新品质构成。创新能力则包括人的创新感知能力、创新思维能力、创新想象能力。从两者的关系看，创新精神是影响创新能力生成和发展的重要内在因素和主观条件，而创新能力提高则是丰富创新精神的最有利的理性支持。创业教育与创新教育相辅相成，创新是创业的核心和基础，创业是创新的体现，二者相互促进又相互制约，是密不可分的辩证统一体。

三、大学生创业教育

（一）大学生创业教育的概念

大学生创业与大学生创业教育均源于美国，结合我国大学生教育的现状，大学生创业教育是激发大学生开创性个性，培养大学生包括创业意识、创业精神、创业能力等方面创业基本素质的教育。我国学者和专家针对大学生创业教育也提出了自己的看法和观点。

我国学者彭云飞曾提出过："大学生创业教育是一个复杂的系统工程，涉及教育的全过程，涉及社会的方方面面。包括教育理念、管理体制、运行机制、培养计划、教学内容、教学方法、教育环境、教育氛围。"房欲飞提出："所谓大学生创业教育，就是通过高校中课程体系、教学内容、教学方法的改革以及第二课堂活动的开展，不断增强大学生的创业意识、创业精神和创业能力，并将其内化成大学生自身的素质，以催生时机成熟条件下的创业人才。"

杨艳萍认为："创业教育就是在普通文化基础教育和职业技术教育基础上进行的以开发和提高大学生的创业基础素质为目标，培养大学生从事创业实践活动所具备的知识、能力和心理品质等的教育。通过创业教育，培养具有开创性个性的人才，成为社会主义的建设者和接班人。"

高树琴认为，大学生创业教育是通过各种教育手段，提高大学生发现问题、分析问题和解决问题的能力，培养学生的创新意识和实干精神，使学生掌握创业技能，从而随机应变地进行创业活动，并能够面对激烈的市场竞争，寻求适合发挥个体的机会，最终自主创业或岗位创业。段洪波认为，大学生创业教育就是从大学生的实际出发，根据社会、时代的发展需求和变化，应用各种教育手段和途径，在实施教育的过程中提高学生发现问题、分析问题和解决问题的能力。与此同时，还特别注重培养学生的自我意识、参与意识、创业精神和实干精神，使学生掌握创业技能，提升创业素质，为学生灵活、持续、终身的学习打下基础。

目前我国学者对大学生创业教育的定义主要有以下两类。

一是根据创业教育的目标来界定。创业教育就是激励学生开发自己的最大潜能，使其善于发现和把握人生中那些通往成功的无数潜在的机遇，以开发和增强其创业基础素质、培养具有开创性个性人才为目的的教育。大学生创业教育要以引导和培养大学生的创业素质为目标，从实际出发，构建培养大学生从事创业实践活动所应具备的意识、心理品质、能力和知识结构等的教育体系，探索实施创业教育的有效途径。

二是根据创业教育的形式来界定，认为大学生创业教育要将校内与校外结合、将课内与课外结合、将专业知识教学和创业指导实践结合，以满足不同专业、不同层次、不同要求、不同时限的创业教育。本书认为大学生创业教育指的是，高校以引导和开发大学生创业素质为目标，通过第一课堂的教学和第二课堂的实践活动，培养大学生具备创业所需的知识、能力和心理品质等，使其成为创业创新型人才的教育。

根据以上权威机构和专家对大学生创业教育的界定，笔者比较认同安波界定的概念，即大学生创业教育是以培养高校大学生创业意识、能力、知识结构及心理品质的能力型的非学历为导向的现代教育。创业教育不仅要培养高校创业人才，更要培养高校创业大学生的创新、创业精神和能力。创业教育更多的属于就业教育，是就业教育的一种有效方式。

（二）大学生创业教育的原则

大学生创业教育是一个新型课程，在我国起步较晚，发展尚不成熟。但创业教育是一门交叉学科，同法律、管理学、计算机等发展较成熟的专业有共同点和交叉之处，这些学科的发展为大学生创业教育的发展奠定了坚实基础。大学生创业教育的实施应该遵循以下几个原则。

1. 创业教育课程的专业化原则

对大学生进行创业教育，只单纯地教授几门如市场营销、人力资源管理等经济管理类的课程，而没有法律相关的知识，那么大学生在进行创业的活动中容易陷入迷途，甚至触犯法律。同样的，如果大学生只学习了法律知识，缺乏电子商务知识、简单的计算机操作技能，那么显然会在创业所需的商机等方面受到束缚。对于没有任何创业知识的大学生来说，什么课程该学，什么课程可以暂时不学，还无法做出正确的判断，这就需要有专业的创业教育的课程设置来引导学生进行高效的学习。

2. 师资队伍的专家化原则

教育，自古以来都是教者处于主导地位，受教者处于从导的位置，也就是说教师和学生是一种主动和被动的关系。如果从事创业教育的教师都没有相关的知识、经验或者教师水平不高，可想而知这样的教师教育出来的学生会是一个怎样的水平。要推进大学生创业教育的发展，必然要有一支称得上是专业的师资队伍，去指导学生进行创业课程学习、从事创业活动。

3. 创业教育的系统化原则

创业教育要遵循系统化的原则。大学生进行创业，首先要有主观意识，想学、愿意学习创业相关知识；学校对大学生开展创业教育活动，也需要组建一支专业的师资队伍，对大学生进行创业指导；学生通过自己的努力，积极锻炼并积累经验，最终有能力从事创业活动；创业教育并不是一蹴而就的工作，需要很长的一段时间，很多人共同努力才能实现。这就要求构建创业教育体系的主体——学校将教师、学生有机地结合起来，并使他们的主观能动性达到最大化。

4. 创业教育的持续化原则

创业教育是一种先进的教育理念，它注重学生实际能力的培养和教育制度的创新，是一项素质教育。它不仅强调转变学生的就业和择业观念，更要求能提高学生的创业意识和创业能力，对于学生的整个人生发展有着强有力的引导和帮助。在我国目前市场经济体制下，能有效地培养学生具有自觉预测市场变化、把握市场规律、积极应对市场变化的素质和能力，是人才兴国的重要战略举措。只在学生临近毕业时简单地介绍如何制作简历、如何面试，这不是创业教育，而是传统意义上的就业指导！创业教育应该是在学生刚进大学校门时就开始在思想上对学生进行创业意识的灌输、在课程上进行创业知识的教授、在实践中进行创业能力的锻炼和提高。

（三）大学生创业教育的特点

创业教育需要从大学生的实际情况出发，根据社会发展的需要，通过各种教育方式途径，提高学生发现、分析及最终解决问题的能力。创业教育不同于以往传统的职业教育，它具备以下特点。

1.注重创业意识及创新精神的培养

培养学生积极的创业精神是创业教育的核心。通过培养学生的创业意识及能力，将他们的创业意识、创业能力最终通过产品及服务方式表现出来，从而更好地服务市场和社会的需求。

2.注重个人实践能力的培养

创业教育把课内专业知识教育与课外实践教育结合，为学生将来创业过程中可能遇到的困难及问题做好准备；通过各种模拟训练及实践活动，运用所学的知识，提高学生的分析、解决问题的能力。创业教育要将教学与社会、生产、生活、经济紧密结合，最终达到培养大批高素质的综合型人才、促进经济发展、实现社会主义现代化建设的目标。

3.注重综合素质的培养

培养大学生成为具备创业素质的综合性人才，不但能够适应现代社会的高速发展，更能为社会创造更多的工作岗位，推动社会生产力的发展；通过对创业知识、创业意识、创业心理及创业能力的综合培养，使学生在掌握专业知识和基础技能的同时，提升知识应用能力等综合素质，培养社会适应能力及应变能力。

第二节　大学生创业教育的培养目标

一、创业教育培养目标概述

目前，从把创业教育纳入整个国民教育体系的美国，到提出"要使高校成为创业者的熔炉"的德国，从把创业教育作为"社会发展之急务"的日本，再到提出"大学自我就业教育"的印度，创业教育俨然已成为一种国际潮流，成为世界教育改革发展的基本共识。在我国，与近几年高校开展创业教育的热闹场面相比，创业教育的成效与我们当初的愿望相差甚远。

创业教育目标是指创业教育所要达到的目的和标准。明确的创业教育目标关系到国家、社会相关制度政策的正确制定和相关支持体系的构建，也有利于纠正在创业教育实践中存在的认识偏差。对高校来讲，设立明确的创业教育目标是学校开展创业教育的出发点与归宿，也是构建创业教育课程方案等教育模式所要解决的基本定位问题。

从高校创业教育的内在逻辑来讲，创业教育与其说是高校在目前社会形势下的一种因应选择，不如说是高校主动顺应时代发展而作出的一次人才培养模式的深化和转变，也是高校践行素质教育和创新教育人才培养理念的进一步具体化。也就是说，高校创业教育与人才培养一样，其实质都是"培养什么样的人才"的问题。作为在目前社会形势下形成的教育理念，创业教育虽然具有它独特的理论内涵和意义边界，却与高校整体的人才培养工作具有相当大的关联性。

创业教育的基本价值取向是培养学生的创业意识、创业能力和创业精神，为造就社会需要的创业型人才奠定基础。根据创业教育的这种价值取向，我们很容易体会到它的教育目的和人才培养的总目标。但从实践的层面看，这种培养总目标还过于笼统和模糊，因为不同层次、不同类型的教育所培养的创业型人才在方向、规格和要求上是有差异的。我们尚需对总目标进行分析并使之层级化，以构建对创业教育实践有指导作用的体系。本章的创业教育目标主要涵盖创业意识、创业能力和创业精神。

二、创业意识

随着我国高等教育的发展和时代的变化，大学生就业的形势越来越严峻，且这种严峻的形势在今后若干年将会持续下去。解决这一问题需要多方面的努力，其中很重要的一个方面就是通过教育强化大学生的创业意识，指导大学生由被动就业转向主动创业。在创业教育的视野下，培养和强化创业意识成为当代大学生思想政治教育的一项新课题。

（一）创业意识的内涵和实质

从实质上讲，创业意识是一种新的生存观念和生存方式。《我国大学生创业教育运行机制研究》一书提到："创业意识是创业主体的一种期望和执着于创业活动的心理倾向，包括需要、动机、兴趣、思想、信念和世界观等心理成分。创业意识支配着创业者对创业活动的态度和行为，是一种对创业主体起引导作用的自我意识，这种自我意识是客观物质世界在人们头脑中的反映，是经过认识主体的认识建构模式过滤重组之后的映像。一旦个体形成一定的创业意识，就会形成一定的创业动机并且能够产生一种强大的内在的动力，驱使人们为了实现创业的愿望而奋斗，激励人们克服困难、勇往直前。"

我国的传统教育很少涉及创业意识的引导和培养。笔者从事大学毕业生就业工作多年，看到大部分毕业生只能依赖学校、家庭和社会的帮助来寻找工作，选择现有的就业岗位的现象极为普遍。通过大量的社会调查可以看出，当今大学生普遍缺少创业意识和内在动力，没有掌握一些常识性的创业知识，创业能力低下。正是基于这样一种现实，创业意识应该成为创业教育的核心内容，大学生应在创业意识的指引下，从固有的模式和思维中解放出来，勇于进行大胆的探索与尝试，通过不同方案的具体比拟，从中找到最佳的创新捷径，为成功创业打下坚实的基础，获得积极适应世界乃至积极挑战命运的本领和勇气。

（二）培养大学生的创业意识的必要性

1. 大学生的创业意识和就业能力是学校人才培养的方向

大学生创业尽管有许多的不利因素，但知识经济时代市场经济的发展迫使我们必须创造条件，逐步培养大学生的创业意识与理念，通过创业向社会提供就业机会，促进社会发展。培养和强化大学生的创业意识，为社会培养创业者是社会发展的客观要求。由于知识经济对个人的创造精神、开拓精神的重视，智力已成为个人获取财富的资本；又由于计算机网络等通信手段的发达，知识的产生、传播、转移的成本降低，创业变得容易实现，这也使大学生创业能够成为现实。所以我们要强化创业意识，培养创业品质，提高创业智能，引导和帮助大学生成为创业者。高校以培养全面的劳动者为己任，在激烈的招生竞争下，毕业生就业率的高低将直接影响学校的规模、质量和发展前景。学生的创业意识和就业能力的高低不仅决定了个人的生存和发展，也决定了高校的生存和发展。

2. 适应知识经济时代需要培养大学生的创业意识

21 世纪，意味着一个知识创新和可持续发展的新时代已经到来。要顺应我国知识经济发展的现状与要求，就迫切需要大批掌握现代化科学技术，具有创新能力和市场实现能力的创业型人才，担负起推动 21 世纪我国经济可持续发展的历史重任。然而，大学生在成长过程中缺乏的恰恰是全方位的能力、素质以及创新、创业精神。传统的学校教育偏向于传授学生知识和技能，缺乏创新能力、适应能力和实践能力的培养。因此，当代教育特别需要改革人才培养模式，加强对大学生创业意识与能力的培养，纠正把知识的生产、传播和运用当作校园内一种纯学术活动的错误倾向，着力培养大学生的市场开拓能力，从而真正做到高度关注社会经济的发展，以推动教育理念的全面创新。

3. 大学生渴望成功要求学校培养大学生的创业意识

成就欲是一种期盼在事业上做出成绩的心理追求，这是一种高层次的人生欲求，它促使人产生一种主宰自己命运的冲动，也驱使人们产生造就人生辉煌的强大的内在动力。其实成就欲存在于每一个人的意识或者潜意识中，只是受环境条件的限制，缺少把这种潜在的欲求转化为现实冲动的触媒，所以说成就欲是一种可以培养和开发的心理素质。从大量的成功的企业家身上我们不难看出，强烈的成就欲可以说是一切企业家所共有的心理特征。因而我们可以通过创业教育去挖掘大学生身上那些潜在的、渴望成功的冲动和欲望，帮助他们锁定人生目标，培养他们实现人生价值的心理预期的能力。

4. 创业意识体现大学生开拓进取的勇气与胆略

自主创业的开创需要开拓进取的勇气与胆略，而自主创业过程中的艰难险阻同样需要开拓进取的勇气与胆略。创业的主体要想赢得市场、赢得先机，不能没有开拓进取的勇气与胆略，不敢越雷池半步，就无法取得创业的成功。因为任何一条创业道路都充满了荆棘和坎坷，吉凶未卜、祸福难测，每前进一步都会有困难和阻力，甚至有牺牲。但是风险孕育着机会，往往风险越大，机遇也就越多。实践证明，敢冒风险就能抓住机遇，安于现状，不敢冒险，只能错失良机，也就不可能成就大业。所以从某种程度上说，开拓进取的勇气与胆略是创业意识中一种重要的品质。

5. 增强大学生的创业意识是学校的培养方向和大学生实现理想价值的需要

新时期，创业意识是学校培养人才的一个重要内容。学生在校学习期间，要以培养出色的创业意识和就业能力为目标，练就过硬的就业本领，从而为自己找到理想的生存发展环境，进而达到服务社会和实现自我价值的统一。当前，要从根本上解决整个社会就业形势比较严峻的问题，以创业促进就业是一个很重要的分流选择。

（三）大学生创业意识的主要教育内容

1. 培养风险意识

培养风险意识是培养创业意识的关键。创业不可能一帆风顺，要让大学生清楚地认识到市场是无情的，它并非每一次都会青睐大学生创业者，所以要注重培养大学生的风险意识，使他们能够承受住创业过程中的风险和失败。现实中，很多大学生创业者只看到他人成功的表象，不顾时间、地点的差异，盲目照搬、照抄别人的经验，致使自己的优势没有得到充分发挥。对可能出现和遇到的风险准备不足是当前大学生群体创业中存在的一个普遍现象。这种风险意识的缺位，在心理准备、决策与执行、经营与管理等方面尤为突出，可以说是创业者无正确的风险经营意识的典型表现。正确的做法是既要从害怕风险、不敢迈步之中解放出来，敢于在市场经济的大潮中劈风斩浪，又要在商海的历练和锻造中，善于规避风险、化解风险，使自己在迎战风险的过程中站立起来、成熟起来，成为商海的精英和栋梁。

2. 吃苦耐劳的意识

培养大学生吃苦耐劳的意识是培养大学生创业意识的前提。"宝剑锋从磨砺出，梅花香自苦寒来"，人的成长是如此，自主创业亦然。在物质生活比较丰富的今天，培养大学生吃苦耐劳的精神显得尤为重要。实践证明，只有具备吃苦耐劳的创业精神，大学生在创业实践中才能具有更高的成功率，如果生存环境过于安逸，往往影响创业的进取心。事实上，大学生在创业过程中经常会遇到一些棘手的问题，尤其在创业之初，条件往往比较艰苦，只有那些具有艰苦创业意识的人才能奋发有为，努力攻克难关。可见，培养大学生吃苦耐劳的意识，不断地在广大学生中进行艰苦创业精神教育显得十分重要。首先，要培养和强化大学生的创业需要，使成就动机转化为创业动机，使外在的客观需要转化为大学生的内在需要；其次，要培养和强化大学生的创业兴趣，使大学生把创业作为实现人生价值、人生抱负的途径；再次，要培养大学生的创业信心和创业信念，使之有百折不挠、艰苦创业的创业理想。

3. 树立创业观

就业问题在我国是一个长期存在的问题。因此，把就业动机转化为创业动机，使外在的客观事实转化为大学生创业的内在动力，就成为大学生自身就业的有效途径。一方面，要通过有效的宣传教育，使大学生充分了解就业形势，从外部生存压力方面使大学生理解自主创业的重要性。另一方面，要注重培养大学生的创业动机，充分调动大学生创业的内在需要。调查表明，大学生普遍对创业具有高度的热情，这对培养其创业需要是一大支持。

4. 强化创业品质

创业品质包括独创性、自觉性、果断性、适应性、合作性五种因素。教育目标是培养学生五种良好的心理品质：能独立地思考、判断、选择、行动的心理品质；敢于行动、敢于冒险、敢于拼搏，并勇于承担行为后果的心理品质；坚持不懈、不屈不挠、顽强努力的心理品质；善于进行自我调节、适应性强的心理品质；善于交往、合作共事的心理品质。引导大学生树立创业思想只是奠定了大学生未来创业的认识基础，要实现创业还必须帮助大学生培养和强化创业品质。因为创业需要具备一系列心理条件，即创业的心理品质或心理素质。不言而喻，创业很少能一帆风顺，往往要面对许许多多的实际困难和挫折，如果没有良好的心理品质，是不可能实现创业理想的。独创性是创业者的首要品质，它是指善于独立思考，善于在平凡事物中独立发现新问题并创造性地独立解决新问题。自觉性是指对创业的目的和意义有充分的认识，既不盲从也不独断专行，能随时控制自己的行为，使之符合正确的目的。果断性是指创业者能根据不断变化的实际情况，适时、果断地采取措施的心理品质。果断性以自觉性为前提，是指创业者在遇到特殊情况时必须善于分析问题，辨明真伪，当机立断，敢作敢当，否则，犹豫不决，顾虑重重，只会失败。在创业过程中，要做到百折不挠，坚贞不渝，不达目的决不罢休。适应性指创业者能适应社会生活，善于在现实环境中求生存、求发展。合作性指创业者必须善于和人共事，形成合力。针对我国大学生的特点，应该特别重视大学生独创性、坚韧性、适应性和合作性等心理品质的培养和塑造。

5. 提高创业智能

要使创业思想成功地转化为创业实践，必须有由相应的创业知识和创业能力组成的创业智能。创业智能具体包括专业知识和能力、经营管理知识和能力及综合性知识和能力。其中，专业知识和能力主要靠专业学习来完成，因此，创业教育工作要引导学生主动学习和提高各方面的知识和能力，包括经营管理及综合性的知识和能力，为创业做好知识与能力准备。在学习创业知识的过程中，重点要引导学生建立合理、有序的知识结构，而不是机械地吸收大量的系统的全面的知识，因为创业者需要的是精当的知识，而不是大而全的理论体系。同时，还应该引导学生掌握有效的学习方法，树立主动学习和终身学习的观念，使之扩大知识视野，在培养创业能力的过程中，重点培养学生善于发现实际问题并善于灵活运用各类知识独立解决问题的能力。

三、创业能力

创业教育就是开发和提高学生创业的基本素质和基本能力的教育，使学生具备从事创业实践活动所必需的知识、能力及心理品质。创业教育的提出，促进了高等教育观念的转变，开拓了高等教育理论研究和实践的新视野。我国《高等教育法》和《中共中央国务院关于深化改革全面推进素质教育的决定》中明确指出，高等院校要注重培养学生的创新精神和实践能力，必须加大教育改革的力度，不断加强对大学生的创业意识、创业精神和创业能力的培养。创业是一项综合技能的展示，是高智慧的活动，需要一个人具备很强的驾驭知识的能力，需要将其拥有的自然和人文科学的知识转化为外在的表现形式，转化为实实在在的生产力，而这个过程需要依靠创业者的创业能力。因此，大学生在创业前及创业过程中必须不断提高创业能力。

（一）创业能力的内涵和实质

创业能力是创业成功的重要因素，是创业者从事创业活动的本领，包括具有较扎实的基础知识、基本技能，有较宽的知识面、较强的实践能力和一定的实践经验等。创业能力的形成与发展始终与创业实践和社会实践紧密相连。创业是一种风险性的活动，需要创业者具有较高的智商和情商。一个成功的创业者应具备多方面的综合能力，既有优秀人才普遍性的一面，更有其特殊性的一面。创业能力是一种以智力为核心的具有较高综合性的能力，是一种具有突出的创造特性的能力。

（二）提高大学生的创业能力的必要性

1.现阶段的大学生普遍缺乏创业能力

大学生受传统的应试教育影响较大，具体表现为：以背功见长，极会考试。现在很多的高等院校、考试中心的要求也是要多背诵，少理解、发挥，创新也就更少。一些高校学生平日无所事事，到期末时临时抱佛脚，拿着讲义和笔记奋斗两、三个星期，成绩也能及格。一些大学生老实、守规矩、不愿冒险，因而极易满足，这种人才对社会知识的继承和社会的稳定大有好处，但在推进社会的发展、及时捕捉新信息、占领社会发展前沿的机遇等方面则有弊无利。这些人不仅创业意识淡薄，创业精神、个性思维、创业技能更是缺乏。

2.就业形势严峻需要培养大学生的创业能力

从目前情况看，对大学毕业生实行"自主择业，双向选择"制度后，随着高校的扩招，就业形势越来越严峻，特别是一些冷门专业、专科类毕业生。这固然存在社会偏见等原因，但是现在一些毕业生走上岗位，刚签订就业合同，就因能力太差被用人单位解聘，这就不能不说是个人的问题了。面对新情况，大学生也可以选择新的行业，由待业者变为工作岗位的创造者，当然，这对大学生的创新能力的要求是极高的。由此可见，在大学教育中培养学生的创业能力，是缓和大学生就业形势的必由之路。

（三）大学生创业能力的主要教育内容

1.社会交往能力

创业是一项系统工程，它涉及社会经济活动的方方面面，不是一两个人就可以完成的。创业离不开人与人之间的沟通和协调，尤其是现代社会，整个世界成为一个地球村，快捷的信息渠道把人们联系得十分紧密，要想创业成功，只靠个人的单打独斗已经行不通了。创业者必须具有社会交往能力，勇于并且善于与人合作，学会共同生活，要具有较强的凝聚力和号召力，为了共同的创业目标而努力奋斗。如果孤立单干，不能知人善任，难以与人和睦相处，即使获得了成功，也终究会走向失败，因此，要鼓励学生在交往中成长，不断发展和改善人际关系。要依托学生社团和校园文化活动，为学生的社会交往活动提供互动的平台。

2.实践操作能力

实践操作能力是把创业理论知识应用于实践活动的能力，通过实践把学科知识加以综合、应用，形成自己比较成熟的思想和理念，并增强创业的本领和能力。它是创业思维能力、社会交往能力等其他创业能力在创业实践过程中的综合体现。对于创业者来说，只有真正掌握了实践操作能力，才能着手创业，把创业的想法变成现实。因此，培养大学生的创业能力，要依托校园文化活动开展创业技能大赛，依托学生社团或实践基地开发项目，模拟创业，在创业的真实情景中培养和提高学生的实践操作能力。

3.自我认知能力

随着社会分工的不断细化，各行各业对人的能力的要求差异也越来越大，新的职业层出不穷。因此，创业者必须首先了解自身适合干什么，再决定将来的创业目标，要对自己的兴趣、爱好、特长、潜能有一个准确的定位，以便在未来的创业过程中找到真正适合自己的职业，更好地发挥自己的潜能。

4.心理调适能力

创业需要面对变幻莫测的激烈竞争，正确、迅速地解决问题和矛盾，要求创业者具有强大的心理调适能力和保持一种积极、沉稳的心态。心理调适能力受个性倾向性等各种因素的影响，是健康心理乃至健康人格的外在表现。创业者应该具备良好的心理调适能力，包括健康的人生观、价值观和崇高的理想、高层次的精神需求、强烈的成就动机、高雅的兴趣爱好以及果断的气质。

5.市场运作能力

创业者要具备一定的市场运作能力，包括发现和识别市场需求的能力、整合社会资源的能力、迅速决策的能力以及拓展业务的能力。发现和识别市场需求的能力是创业者进行创业的首要条件，市场机会稍纵即逝，只有具有敏锐的嗅觉才能捕捉到、利用好机会；整合社会资源的能力是对创业者利用外在因素能力的一种要求，只有善于将资源为我所用，才能更好地达到创业的目的；迅速决策的能力以及业务拓展的能力对于创业者则更为重要，往往在创业过程中起着"一锤定音"的关键作用。

6.专业技术能力

专业技术能力是创业者掌握和运用专业知识进行专业生产的能力。专业技术能力的培养具有很强的实践性。创业者要重视在创业过程中积累专业技术方面的经验，加强职业技能的训练，对于书本上的知识和经验要在加深理解的基础上予以提高、拓宽；对于其他实践经验要在探索过程中详细记录、认真分析，进行总结归纳，并将其上升为理论，形成自己的经验并积累起来。

四、创业精神

随着改革开放的不断深入，中国经济的发展势头愈发强劲。面对席卷全球的金融危机，国家出台了一系列保增长、扩内需、调结构、惠民生的政策，同时也深刻认识到创业对就业所起的带动作用，将鼓励创业、强化创业放在了突出的位置。我国全面建设小康社会的伟大创业实践需要有伟大的创业精神来支持和鼓舞。

在世界经济论坛中国企业高峰会议上，一份由埃森哲公司提交的、对26个国家和地区的企业就如何鼓励企业的创业精神进行的一项为时三年才得以完成的调研报告指出：20世纪80年代，中国企业最缺什么？结论是：创新意识。21世纪中国企业又缺什么？答案是：创业精神。该报告还指出："中国有相当的企业和政治领导人已经能够认识到创业精神的重要性，中国97%的企业高层管理人员认为创业精神非常重要，88%认为他们的企业在未来两年里将会变得更富创业精神。"

因此，如何培养和塑造能够适应这种变化并在社会变化中具有创业精神的人才，是当代中国高等教育改革与发展面临的重要课题。高等学校凝聚人心、指导实践，需要对新时期创业精神的时代意义、基本内涵和实践途径进行探讨和研究。

（一）创业精神的内涵和实质

创业是一个过程，不管手中是否拥有资源，某个人或者某个群体都可以通过有组织的努力，以创新的和独特的方式追求机会、创造价值和谋求增长。

创业，无疑是当今时代极具吸引力的一个字眼，因为创业不仅意味着可以过一把老板瘾，还可以施展才能，实现自身价值和人生理想，创造出更丰富的产品、服务，为我们自身和社会创造财富。当前的时代是一个全民创业的时代，不管是继承创业、主动创业，还是"被创业"，越来越多的人开办了自己的企业，飞速发展的经济和宽松的经济环境为创业者创造了前所未有的机会。

哈佛大学商学院对创业精神的定义是："创业精神就是一个人不以当前有限的资源为基础而追求商机的精神。"从这个角度上来讲，创业精神代表着一种突破资源限制，通过创新来创造机会、创造资源的行为，而不是简单地体现在创造新企业或创新上。因此，创业精神可以简洁地概括为："没有资源创造资源，没有条件创造条件，用有限资源去创造更大资源。"

关于创业精神，《我国大学生创业教育运行机制研究》中说到其主要包括三个重要的主题。

一是对机会的追求。创业精神追求环境的趋势和变化，而且往往是尚未被人们注意的趋势和变化。

二是创新。创业精神包含了变革、革新、转换和引入新方法、新产品、新服务或者是做生意的新方式。

三是增长。创业者追求增长，他们不满足于停留在小规模或现有的规模上，希望企业能够尽可能地成长，员工能够拼命工作。因为他们在不断寻找新趋势和机会，不断地创新，不断地推出新产品和新的经营方式。

弘扬新时期的创业精神，要把创业精神作为促进全民创业的动力源，通过大力培育、倡导新时期的创业精神，让创业意识深入人心，让创业成为人们的价值取向和自觉行动，成为全社会的风尚。

由于我国的创业教育起步较晚，现实生活中的诸多因素阻碍了创业意识的形成和创业能力的培养，因此每当谈到自主创业，很多人都认为自己不具备创业的条件，似乎目前所有的钱都被之前的人赚光了，而且自己没有资金、没有技术、没有门路、没有必要的经验和知识，害怕承担风险和压力等，总之他们认为创业对于自己来说是"闻着香，吃着难"，所以根本不敢有创业的想法。

目前，网络、媒体的大力宣传打开了创业精神传播的绿色通道，社会上各种创业培训和咨询机构为创业者提供了多层次、全方位的信息指导和服务，各地大力开展以政府为主导的创业专家志愿团专业指导、创业竞赛等活动，他们向普通的大众传递着一个信息，即草根创业不是那么可望而不可即，哪怕从开一个小店、承包一片农田开始。对于一个创业者而言，拥有创业精神是创业成功的首要条件。不管是多大的项目，创业者都不可忽视创业精神的学习，这项学习是使人素质不断提高、不断升华的终身性学习，这次学习可以使创业者具备事业心、进取心、探索精神、冒险精神，具备独立工作的能力，使创业者能通过自己的努力，开创一番事业，是让事业走向成功的必要保证。

当前我国的就业形势严峻，但是大学毕业生中的自主创业者寥寥无几，大中专毕业生自主创业的意识和能力十分薄弱。为了改善创业者的知识结构和经营能力，形成全民创业热潮，一个重要的举措是把创业教育引入学校课堂，在高校教学中增添创业内容。大学生通过课堂学习能掌握过硬的专业知识，在创业过程中将受益无穷；大学图书馆通常能找到创业指导方面的报刊和图书，广泛阅读能增加对创业市场的认识；大学社团活动能锻炼各种综合能力，这是创业者积累经验必不可少的实践过程。为了适应当前形势，各高校通过与时俱进地更新教育目标、内容和方法，弘扬和培育创业精神、开拓创新精神，又以同样的进取精神引导学生紧跟时代步伐，寻求变革、适应变革，为大学生今后的创业提供精神动力与支持。虽然这些活动还处于起步阶段，但只要持之以恒地坚持下去，大学生必然成为创业大军的一支重要力量。

（二）培养大学生创业精神的必要性

1.迎接知识经济时代挑战的需要

众所周知，知识经济是建立在知识和信息的生产、分配和使用之上的经济。随着科技的进步和知识经济时代的来临，"智力资本"已成为企业最重要的资源，有知识、受过高等教育的人将成为企业劳动力的主体。在知识经济时代，一方面，就业充满着激烈的竞争，就业人员掌握的知识越多，创新意识和创业能力越强，获取高阶层的理想职业的机会也就越多。在优胜劣汰的机制下，一个知识贫乏、尤其是创业能力低的人，是很难有美好的前途的。另一方面，由于整个社会生产力水平的提高和物质产品的丰富，追求自我价值的实现和获取社会的尊重将成为人们就业的主要动机，人们将趋向于采用一种更加成熟的独立的自我就业方式，通过开办自己的企业来开创自己的事业以实现人生价值。虽然知识经济在中国只是初见端倪，但高校教育要直接参与经济建设，培养出越来越多的不同行业的创业者已经是现实的任务。这不仅是我国现阶段经济结构调整的需要，也是迎接知识经济时代挑战的需要。

2.大学生全面成长和就业的需要

在知识经济时代，在以人的思维变革为主导、以人力资源的开发与管理为主的社会中，人们不仅要适应原有的社会生活规律，更需要创造条件，不断完善自我。随着我国改革开放和社会主义市场经济的快速发展，越来越多的大学生渴望创业，实现其自我价值。因此，创业精神和实践能力已成为个体全面成长过程中的必备要素，尤其是在高等教育由"精英教育"向"大众教育"转变的今天，面对大学生就业的严峻形势，对学生进行创业教育，培养学生的创业精神显得尤为重要。因此，在高等教育阶段，必须培养大学生的创新实践能力和创业精神，使其从"择业者"变为"创业者"，这无论是对以后以受聘形式就业，还是自主创业，都非常重要。

（三）大学生创业精神的主要教育内容

1.坚定信念

美国成功学奠基人、最伟大的成功励志导师奥里森·马登说过这样一段耐人寻味的话："如果我们分析一下那些卓越人物的人格品质，就会看到他们有一个共同的特点：他们在开始做事前，总是充分相信自己的能力，排除一切艰难险阻，直到胜利！"所有创业的失败者都是被自己打败的，而不是被竞争对手打败或者因商业环境等条件影响导致失败的，而所有创业的失败都首先因为丧失了创业精神或者说失去了取得成功的信心。企业在发展过程中免不了出现危机和困难，越是危急关头，就越需要我们付出更大的热情和勇气。对于成功的企业而言，正如比尔·盖茨所说，面对挑战，微软员工几乎达到了乐此不疲的境界，这就是微软帝国赖以构建的坚实基础。成功的开始不过就是一个想法，一个强烈的渴望成功的想法，它是奋斗拼搏的动力，因为没有破釜沉舟的意识，是不可能激发出自己的潜能的。

那些失败后能够东山再起的创业者，每天支撑自己向前的正是一种持续的精神力量，这种精神力量就是相信自己，相信自己仍能转败为胜，创造出更大的商业传奇。美国地产大亨唐纳德·特朗普曾经是全世界最穷的人，最高时负债92亿美元，但是不到10年的时间，他凭借自己的顽强信念和精神，不仅还清了债务，而且又再次成为亿万富翁。这些都首先来自他顽强的创业必胜的精神信念。

很多人往往在做某事之前思前顾后，害怕失败，因而总是迈不开步子，不能集中精力去争取成功，而是把精力耗费在避免失败上，因此总是显得步履维艰。从事任何开创性的工作都是关隘遍布、险阻林立的，没有坚定的必胜信念作为精神支柱是不可能克服一个又一个困难，到达光辉的彼岸的。名闻遐迩的苹果电脑公司，当年两个年轻的创始人创业时靠的是400美元贷款，租借一间废旧汽车库，在旧货摊上购买一些元器件，但是他们抱着定能成功的信念，连续两年每周工作7天，每天15个小时，克服了许多现在看来似乎无法克服的困难，争分夺秒地研究出新产品，最终才获得成功。

2.注重价值创造

市场经济承认个人利益，重视物质利益，但是这绝不意味着市场经济等于物欲横流，或者创办企业一定唯利是图。实际上，创业具有"修身、齐家、治国、平天下"的意义，可以规划人生目标，反映人生价值，实现社会责任，体现崇高理想和远大志趣。

创业家们坚信他们的事业对全人类有着重要的意义，他们坚信他们能为消费者、员工，当然也包括他们自己创造价值。我们称他们的工作带有使命感。这就引申出两个问题：我们的战略是什么？我们如何实现它？在这两方面都能表现出众是所有伟大的创业家的共性——他们能制定聪明的战略并创造卓越的价值。

谁都无法否认，每个人都有自己的理想，都有自己的生活，其区别只在于，有的人心中只有他自己，想到的是个人的名利；有的人心中只有少数与己有关的人，想到的是小集团的利益；而有的人心中装着的是融入社会的事业，是那些渴望得到帮助的百姓大众。事实证明，个人的理想总是在无私和忘我中升华为人类的共同理想，进而在奋斗中熔铸理想信念的力量，开创出美好的未来。

3.培养执行力

执行力是贯彻战略意图、完成预定目标的操作能力，是把企业战略、规划转化成为效益、成果的关键。再伟大的目标与构想，再完美的操作方案，如果不能强有力地执行，最终也只能流于形式或成为空谈。创新思路能否付诸实践，获得预想的或更好的效果，靠的就是执行力。

因此，培养学生的执行力至关重要，创业者的生存之道正逐渐从抓住机会和资源，转向以市场为中心。这个时候决定创业者命运的将不再仅仅是创业者抓资源、抓机会的能力，而是创业者的综合运作水平。这需要创业者从基本功开始，扎扎实实地做好企业管理与执行。

第三节　大学生创业教育与职业生涯规划的关系

高校职业生涯规划教育的引导方向是帮助大学生进行未来的职业定位，创业教育的主导是培养大学生的创业能力，二者有机结合，相互作用，又相互联系，共同成为知识经济时代大学生生存和发展的必备条件。

一、大学生创业教育与大学生职业生涯规划教育的对比

（一）二者的终极目标相同

现代的创业教育体系不仅仅是让学生对创业知识和技术的掌握，更要求学生

更具创造性和创新性，培养适应社会经济文化发展的新型人才。全面发展和素质教育的理念要求创业教育注重学生理论学习和实践能力相结合的能力，成为综合性的复合人才，满足社会需求。现代的职业生涯规划教育的目标是通过引导大学生的自我探索、职业定位，提升职业决策能力和职业素质，帮助大学生合理规划大学的学习、生活、实践以及未来的职业选择，最终达到人与职业的最优组合和人的全面发展，同时满足社会需要。因此二者有着共同的终极目标，那就是人的全面发展和满足社会需求。

（二）二者都要求因材施教

学生存在个体差异，现代教育理念要求尊重个性、正视个体差异，鼓励个性发展，顺应时代发展需求，培养不同层次、不同标准的人才。创业教育要因材施教。根据不同年级不同阶段的学生，设定不同的创业教育目标。对于大学一年级的创业教育的目标是培养学生的创业意识，从主观上树立自主创新的思想，树立正确的价值观和创业观。二年级的主要目标是帮助学生掌握创业基础知识和培养创业心理素质。三、四年级的主要目标通过创业实践锻炼学生的实际操作能力。同时也要根据学生个人的专业特点、兴趣爱好、创业品质量身制定个人创业教育目标。职业生涯规划教育更要求个性化。职业生涯规划时要坚持"以人为本"的教育指导思想，一切思想和行动都要以人为目的而非手段，最大限度地尊重人的个性和价值。并在此指导思想之下提出职业生涯规划要坚持的三个基本原则，即发展性原则、个体性原则和全程性原则。"一对一"的教育方式更能够帮助学生深入探索自身，形成个性化的职业生涯规划。因此，二者都要求"量身定做""因材施教"。

（三）二者都具有连续性和发展性

创业能力取决于创新意识和创造力的水平高低，而水平的提高是连续性和渐进式的，不会发生在一夜之间。因此，大学生创业教育应被给予高度重视，使之整个过程涵盖到高等教育的各个阶段。职业生涯规划是个人通过结合自己的性格、技能等情况以及身处的实际环境，为了实现自己的职业目标，决定行动的方向、时间和计划。

二、大学生创业教育与职业生涯规划教育的相互影响

（一）职业生涯规划教育对大学生制定更精确的创业目标和创业计划有益

职业生涯规划教育帮助大学生深入进行自我探索，包括性格、兴趣、特长、学识、技能、思维、道德水准以及社会中的自我评价等，挖掘自身的潜力，帮助学生在发扬其现有优势、特长的前提下规避、改进不足，提高技能，必要时放弃那些与自己不擅长的技能相关的职业目标。因此，在职业生涯规划教育可以帮助大学生在制订创业计划和设定创业目标时，根据自身的实际情况，扬长避短，克服和规避创业的艰难险阻，调整自身的创业期望值，形成最优方案，提高创业的成功率。大学生职业生涯规划的个性化原则，有助于大学生制订更精确的创业目标和创业计划。

（二）创业教育帮助大学生的职业生涯规划更具有主动性和创新性

通过创业教育可以帮助大学生树立创业意识、培养创业心理品质、提高创业能力、形成创业知识结构。使大学生将自己的专业知识、商业经营知识以及管理知识有机整合，学会课本教条之外的发现问题和解决问题的能力，养成主动学习和终生学习的理念。同时，帮助大学生将理念、知识和技能融会贯通，最终具备运用已有各种知识、技能解决职业发展中实际问题的本领。

帮助大学生掌握了这种本领，就能使他们在进行自己的职业生涯规划的时候，主动、积极地规划职业未来，以乐观向上的心态，不断调整、更新、完善自我，使自身的职业规划与社会发展互动；帮助大学生掌握了这种本领，就能使他们在职业生涯规划中根据自己的个人特点，有针对性、创新性地设计自己的职业生涯，而不是跟风而行，只按照某一条道路发展，从而更好地实现自我的人生价值。

第七章　大学生创业教育现状

第一节　国外大学生创业教育现状

一、美国大学生创业教育的发展和现状

（一）美国大学生创业教育的发展历程

与政府主导的创业教育不同，美国高校大学生创业教育的发展是自下而上的探索，与社会和市场需求紧密结合，发展历程可分为以下几个阶段。

1.1947—1979 年：萌芽和起步阶段——商学院的课程与专业

（1）创业教育作为商学院的边缘课程（1947—1967 年）

美国高校大学生创业教育始于 1947 年 2 月，迈尔斯·梅斯教授在哈佛商学院开设了第一门 MBA 课程"新企业管理"，随后，彼得·德鲁克于 1953 年在纽约大学教授另一门创业课程"创业与革新"，美国高校大学生创业教育从此拉开序幕。但是，20 世纪 50 年代以及 60 年代早期，美国工业文明高度发达，大公司是美国经济发展的中坚力量，发展大企业是这一时期经济和社会发展的主流，创业教育缺乏社会基础和市场，相对应的，高校创业教育的发展速度也非常缓慢。在课程方面，斯坦福大学和麻省理工学院在 20 世纪 50 年代相继开设了一门创业课程。同时，出现了零星的关于创业的研究，如 1949 年哈佛大学创办的第一份有关创业的杂志《创业历史探索》。

事实上，在这个时期，创业教育的发展处于起步阶段，创业研究也非常零星，创业课程仅仅作为商学院的边缘课程而存在，但是一些重要的基础组织在这一时

期成立，为今后美国创业教育的持续发展奠定了基础。如 1951 年成立的考夫曼基金会被认为是第一个关注创业教育的基金会；1953 年，美国小企业协会成立；1963 年，美国高校建立创业领域的第一个捐赠席位。

（2）创业教育作为商学院的专业（1967—1979 年）

20 世纪 60 年代末，随着大企业的衰弱和中小企业的兴起，社会对创业教育的需求逐渐增加，创业教育不受重视的局面开始改变。1968 年，百森商学院在本科教育阶段开设第一个创业学主修课程，开辟了高校大学生创业教育发展的新领域。南加利福尼亚大学也积极探索创业教育的发展，于 1971 年开设了第一个 MBA 创业学专业，并在 1972 年开设了本科生创业学专业。到 1975 年，提供创业教育课程的高校已经从 1970 年的 16 所增加到了 104 所。

这一时期的创业研究也取得了一定成果。美国小企业局（SBA）资助开展了一项为期三年的针对中小企业的研究项目，并最终出版了《小企业研究系列》。与此同时，创业领域最重要的期刊也在这一时期纷纷创刊。如 1963 年，第一份致力于小企业和创业研究的学术刊物《小企业管理》杂志创刊；1975 年，《美国小企业》期刊创刊，并于 1988 年更名为《创业理论与实践》；1976 年《企业家》杂志创刊。

2.1979—1989 年：发展阶段——创业学科的发展以及向商学院外部的拓展

1979 年，大卫·伯奇出版的《工作产生过程》对美国高校大学生创业教育的发展具有里程碑的意义。该研究推翻了以前的大型企业是经济支柱和创造新就业机会主体的说法，揭示了创业对创造新工作机会、推动经济发展的重大意义，旨在吸引政府对创业作为经济发展引擎的兴趣。20 世纪 80 年代以后，创业教育快速发展起来，维斯帕的研究报告指出，提供创业课程的美国大学从 1980 年的 163 所增加到 1984 年的 253 所。如果将两年制学院计算在内，共有 418 个中等教育机构提供正规的创业教育活动。

从 20 世纪 70 年代末开始，创业内容开始出现在主流的商业期刊上，硅谷和硅谷创业者的兴起促进了创业著作、文章以及杂志的增长。关注创业的杂志如《创业者》的创办，为创业教育的发展提供了社会的支持。1981 年，第一届百森创业研究会议召开，自此以后，该会议每年定期召开，成为创业研究发展和传播的重要渠道。1983 年，哈佛大学召开了题为"创业：是什么以及如何教"的讨论会。俄亥俄州州立大学于 1984 年发表了"全国创业教育行动议程"。同年，普赖斯创业研究会开设了"普赖斯——百森商学院伙伴计划"，促进大学吸引和支持创业教师，创业领域的学术期刊也迅速发展。1985 年，《企业创业杂志》在沃顿商学院创刊。1987 年，管理学会正式建立创业学分部，创业教育发展进入新的历史时期。

3.20 世纪 90 年代至今：成熟阶段——创业教育趋向大众化和尖端化

进入 20 世纪 90 年代以来，越来越多的国家意识到，无论是开发大学生技能、提升大学生竞争力优势，还是促进经济发展，创业教育都至关重要。在这种背景下，美国高校大学生创业教育在广度和深度上不断延伸，出现了"大众化"和"尖端化"的发展趋势。"创业教育大众化"指的是，随着创业教育对人才培养和经济发展重要性的凸显，一些非营利机构和大学试图将创业教育推广到全校范围，而不仅仅针对商学院学生，即出现了全校性的创业教育项目。"创业教育的尖端化"指的是，随着科技的发展和学校对研发的重视，工程学院的学生也日益成为接受创业教育的主要群体，越来越多的创业项目关注将实验室的创新发明转化为市场产品，使得技术转移呈现高度繁荣之势，基于大学科技成果的大学衍生公司迅速发展。这些大学衍生公司成为创造工作岗位、经济发展以及区域经济结构转型的重要推动力量，创业和科技成为经济发展的两翼。

创业研究是创业教育发展的重要基础。这一时期，美国高校在创业研究方面取得了重大成就。已经有四份创业学刊纳入了 SSCI，其中，《企业创业杂志》于 1988 年加入，《小企业管理》于 1995 年加入，《小企业经济学》于 1992 年加入，《创业与地区发展》于 2000 年加入。高水平创业杂志的发展有助于提升对创业学作为一个学科领域的认可以及其研究的合法性。

（二）美国大学生创业教育的现状

美国大学生创业教育诞生于商学院，并通过与企业界的紧密联系在商学院获得了充分的发展，成为热门的专业和学习领域。随着社会对创业教育提出了更高的需求，一方面，美国高校大学生创业朝着"创业学"学科的方向发展，注重创业学研究，构建了完善的学科体系。另一方面，创业教育项目与其他学科，尤其是工程、技术等学科的结合，通过建立创业中心等方式将创业精神融入其他学科当中，培养创业型专业人才。

美国大学开展创业教育比较早，至今已经形成了较为完善的体系结构，并且颇具特色。从整体看，美国高校成功地开展大学生创业教育，是政府、高校、中间媒介（基金会、风险资本家、会计师、银行以及顾问等）、创业者和大学生共同努力的结果。政府将创业型公司作为工作岗位的主要创造者和经济发展的核心推动力，利用知识产权政策、中小企业政策和税收政策为高校学生营造良好的社会环境；大学营造创业型文化氛围，不断进行组织创新，鼓励跨学科项目的构建，奖励校友创业者，积极发展孵化器和科技园，为大学生创业创造各种可能条件；中间媒介和创业者慷慨巨额捐赠，分享成功创业经历，支持创业项目的发展和大学生创业实践；高校学生也非常具有创业精神，他们崇尚创业，有目的性地学习创业教育课程，并将创业作为职业生涯的一种选择。正是美国社会各方面力量的凝聚，才造就了现在美国大学生创业教育的成功。

美国高校的发展经历了一个线性渐进发展过程，即教学—研究—创业的过程，美国高校从教学型院校发展到研究型大学，再从研究型大学发展到创业型大学。这一转型促进了大学生创业，而大学生的创业活动又推动了高校大学生创业教育的发展。

2020年，美国大学内部已经拥有12 000门创业教育课程及100个创业主修专业，并且构建了从副学士学位到学士学位、硕士学位、MBA、PH.D的创业教育体系。在该体系中，拥有6000多位创业教育的教师，其中50%是全日制的，他们热衷于创业教育和研究，不断产生创意，致力于创业教育的创新发展。注册学习创业专业的学生超过40万人，是高等教育中发展最快的领域。

创业教育在过去几十年的激增以及跨学科的特点，使得越来越多的美国高校在设计创业项目的过程中，不再仅仅将创业教育视为商学院的某个特定学科，或是仅仅指导学生如何创办企业，而更多的是将创业视为一种行为方式。美国高校大学生创业教育呈现出以下三个趋势。

第一，使创业教育成为一个受尊重的领域。

美国高校大学生创业教育发展至今，已经相对成熟，但美国创业教育发展并未止步,而是日趋走向更高点。2006 年,来自加州大学伯克利分校、斯坦福大学、麻省理工学院、哥伦比亚大学、杜克大学、西北大学、凯斯西储大学及迈阿密大学的教务长和院长们组成"创业教育课程专家小组",分析美国不同高校创业教育的最佳实践,发展创业教育的原则、指导方针、教育内容和手段,为大学创业教育项目制定一整套框架。这标志着美国大学生创业教育进入一个新的阶段,即从原来的自主探索步入专家联盟指导阶段。美国高校创业教育将出现新的图景:高层领导和教师对创业教育重要性的认识不断加强、权威刊物出版创业教育相关研究、有声望的教师从事创业教育研究和教学、创业教育获得认可和奖励等。

第二,创业渗透大学各个学科,成为大学组织的一部分。

美国正在努力构建跨学科创业教育项目,为所有学生接受创业教育营造公平机会。在这样的环境中,经济、商业专业的学生和其他学院不同背景的学生一起学习,构建创业团队和开发商业创意。美国尤其注重将创业教育拓展到最容易产生创新、可行创业计划的技术、科学和工程等学科,并且已经产生了重大影响。目前,越来越多的美国高校开始构建全校性的创业教育项目,高层领导积极参与创业项目,创业教育成为大学战略规划的组成部分;重新分配财政、组织、人力等资源,为创业教育开展提供保证;课程的种类和数量及学生的数量不断增加;大学创业活动的水平提高;管理者、学生、其他的利益相关者越来越重视创业教育的发展。不管是采用"磁石模式"还是"辐射模式",其目标都在于将创业教育向全校范围推广。"考夫曼校园计划"在高校原有创业教育构架的基础上,将全校性创业教育理念渗透到各个学科,广泛吸引跨学科教师团队,为不同背景的学生提供创业教育。

第三,促进新知识向市场流动,有效评估创业影响力。

创业的核心是创新,大学生作为新知识、新技能的掌握者和发现者,有责任通过创业将这些新知识转化为市场价值。从全球趋势看,创新、可行的创业计划更可能产生于技术、科学、工程等学科。这也是近年来美国高校工程、科学领域的创业教育发展最为迅速的原因。根据考夫曼基金会的统计,参与考夫曼项目计划的学生中,来自工程学院的占 60.9%,来自商学院的占 22.5%,其余的分别来自文理学院(9.5%)、农业和环境科学学院(3.7%)、继续教育学院(1.8%)等。

近年来，美国高校加强了对技术转移办公室教师的创业教育培训，广泛促进全校不同创业组织的联系，为学生营造良好的创业氛围。大学与创业部门和产业界的合作增加，通过教师和学生的创业活动将更多的创意转化为现实产品。

目前美国关于创业教育影响力的评价还比较有限，只有一部分学生，如麻省理工学院、亚利桑那大学、康奈尔大学等进行了创业教育影响力评估的尝试。但是随着创业教育需求的增加和各利益相关者对创业项目质量的关注，重新审视创业教育的作用，评价创业对经济的作用，调查校友和教师对创业教育的看法将成为重要的趋势。

二、日本大学生创业教育的发展和现状

（一）日本大学生创业教育的发展历程

创业教育又称"企业家教育"，这个概念来源于美国。作为一种崭新的教育理念，创业教育本身的历史没有多长时间，日本引进并发展创业教育也只有十几年的历史。

1. 大学、企业各负其责阶段

20 世纪 60 年代，日本经济发展急需高科技人才和熟练技术工人，日本大学的重点放在培养应用型的理工类专科人才上，因此大力发展"五年一贯制"高等专科学校，并与企业开展了多种形式的"产学合作教育"，大学主要的注意力集中在为产业部门培养高级技术人才与技术员方面。日本高等教育在原有的基础上学生数增长了 141%，其中短期大学学生数增加了 215%，高等专科学校学生数增加了 1213%。当然也有一些传统的商业大学、工学院等职业学校提供零星的关于如何帮助技术拥有者实现创业的课程，但无论是在层次还是范围上都很有限。

而关于企业所要求的管理、经营等知识则更多的是由企业设立的培训机构来进行。日本许多大企业都拥有自己专门的培训机构，给员工提供企业内部培训，如自我启发、工作中学习（OFT）、脱产学习（OFFJT）等形式。同时，国家和各都、道、府、县设置了大量职业培训机构，如职业能力开发促进中心（工艺中心）、生涯职业能力开发促进中心（才艺园）、职业能力开发学校（工艺学院）、职业能力开发学校等。日本通产省提供经费设立中小企业大学校，以中小企业的管理

者和技术人员为对象进行培训。国家、地方政府、中小企业联合设立的高等技术研修所，采取不脱产的形式培训在职人员。此外，日本的各个社团组织也采取研修讲座、学术活动的形式来培训中小企业的在职人员。失业者、在职者都可以听课，学费原则上免费，而且根据有关规定，他们还可能领到雇用保险的失业补贴（基本津贴、学习津贴、交通津贴）。这些机构为有志创业者学习提供了平台。

2. 大学提供管理培训阶段

20世纪70年代以后，日本企业发展突飞猛进，企业的发展对人才提出了更高的要求，即大学要为企业提供管理、经营、营销的培训。大学为了扩大资金来源，扩展社会服务，也开设了面向企业人员的 MBA、市场营销等课程。许多大学将职业规划教育的理念纳入学校教学、学生的学习和生活实践，将职业规划教育的总体指导与个别咨询相结合，积极和相关企业及社会机构合作，开展联合讲座、专业实践、实习等活动，以学生理解专业教育并能在社会中灵活运用为重点，构筑以语言能力、跨文化交流能力为特色的职业规划教育体系。学校与企业、事业单位、行政机构合作，开设"业界分析""国际化企业合作""政府行政事业单位合作"等职业开发方面的正规课程，让学生对职业、工作有更详细具体的了解，使学生逐步明确职业目标。但由于企业外的培训与企业内教育在针对性上毫无优势可言，社会对公共职业训练的评价不高，产业界只希望通过企业内的职业训练来形成熟练技能。所以学校开展的企业人员继续教育一直没能占有很大优势。

3. 创业教育导入阶段

20世纪90年代以来，日本泡沫经济破灭，日本的传统产业失去了昔日辉煌的地位，为了实现经济的持续发展，产业界十分需要活跃经济的因素。中小企业以其便利灵活的优势取代了大型企业，传统产业要想在竞争中取得胜利也必须在创新上取得优势。风险企业作为日本未来经济的催化剂，正以强劲的势头发展起来，特别是大学的风险创业企业，利用高校的知识资源和人才优势，把高校的存量基础研究转变为市场化产品。风险企业的诞生和发展实现了高校与产业的良性互动。各大学围绕建立风险企业，提出了创业家人才计划，并努力加以实践。

1998年以后，作为职业教育的一环，为培养学生的职业观念和劳动观念，高校开始实行"企业见习制度"。企业见习制度就是学生在企业现场针对自己学习的内容进行就业体验。部分学校还引进了"德国职业教育双重制"，主要是为了培养学生的职业选择能力，培养职业意识，防止毕业生离职。但这种短暂的经历教育（2～3天）还不能对学生产生显著的效果和持续的效力，社会需要更高水平的职业观和劳动观教育。

2000年，日本教育改革国民会议上提出了创业家精神的概念，强调创业教育应培养学生的创业家精神、生存能力和思维方式。理科大学、研究生院积极完善风险企业、研究室、共同研究中心等基础设施，将大学与核心和地域的特色产业结合起来。高校面向大学生、研究生、社会人士，从终身教育的角度出发，通过实施社会人特别选拔制度、定员编入制度、昼夜开讲制度、科目辅修制度等灵活的制度，支援社会人士创业。例如，早稻田大学针对社会人士推出"傍晚集中讲座"，利用晚间时间上课3个月，授课内容包括营销、经营计划等。此外，日本攻击手商业学校推出"事业计划立案讲座"、东京商工会议所举办"创业塾"等，以培养学生创新、创业精神为目的的创业课程吸引了许多有志创业的学生。部分文科大学、研究生院为适应现实社会的需求，也推出创业培养讲座。

4.创业教育理念践行阶段

日本高校法人化改革后，为了在竞争中取得优势，必须要学会在市场中生存，因此许多大学将创设新企业作为目标，开始争取创设风险企业的机会。中央教育审议会将"大学风险企业创设"作为突破口，通过"创业教育激励计划"（ESP）的平台，改善学校环境，构建一个适应创业教育的三维体系。这一体系由5个相互交叉的部分构成，中间交叉的部分是大学风险企业，构成了一个完整的创业教育理念框架。下面就"ESP计划"的框架进行简要说明。

（1）学生创业教育：开展以大学生和研究者为对象的商业教育计划，该计划主要通过要求学生必修一定科目的课程，邀请国内外著名企业家到校讲学，到国内外风险企业取得一定学分的见习，开展创业计划设计大赛等途径加以实施。

（2）大学校园内的指定空间：通过开放校园的方式，为研究室、研究者、学生、企业人士提供社交性质的论坛，通过学科交叉、文理互动、交流创业计划等多种形式开展活动，实现大学资源的综合利用，在师生之间建立一个广泛的网络，形成一个包括校友在内的创业互助体系。

（3）提供服务网络：为创业者的创业实践构筑服务体系，如通过校内企业孵化设施、创业辅导机构、种子资金服务机构等，为创业者提供咨询、服务，为比较有潜力的创业计划提供种子资金和运营资金。

（4）社会力量：通过利用学校的校友网络、地域性企业支援机构、非营利机构等社会资源，实现学校和企业、社会的对接，共同完成学校创业基础设施的完备、创业课程教材的设计、创业风险资金的融资。同时，积极反馈社会，促进地域经济的发展。

（5）数据库资源和信息网络：建立关于创业管理经营的专门数据库，为广大创业者提供创业知识的资源库。与此同时，建立针对风险企业的程序库，把握风险企业的发展动向。

这一模型的构想有两个支撑点：一是基于官、产、学密切配合的支撑体系。离开了产学合作、官产学互动，创业教育不但缺少了支持的动力，也缺少了实质的内容。许多措施必须通过企业和大学之间的协调来实现，如学生的企业见习制度、创业风险支援、创业风险资本融资等；二是不同的学校开展创业教育时存在着理念定位或者培养目标上的差异。

从总体上来说，日本大学的创业教育定位分为 5 个层次，分别为创业重视型、地域连接型、全球战略型、日本本土型和理论活用型。

（二）日本大学生创业教育的现状

1995 年，日本《科学技术基本法》的出台揭开了日本大学生创业教育的序幕。日本最初开展创业教育的高校仅有 30 所左右，经过十余年的发展，目前已达到 200 多所，日本大学生创业教育现状如下。

1. 创业教育已初具规模

日本已有 247 所（约占日本高校总数的 33%）不同类型的高校实施了创业教育，在这 247 所不同高校中，国立大学约有 53 所，公立大学约有 15 所，私立大学约有 179 所。在已实施了创业教育的 247 所日本高校中，约有 78 所在本科和研究生两个阶段均开设了创业教育课程。

2. 创业教育的内容多样化

在创业教育课程方面，日本高校开设了多达 928 门各类创业课程，极大地满足了日本大学生对创业知识的需求。日本多数高校将创业教育的相关内容列入了本科和研究生的选修或必修课程中。日本大学生创业教育的内容主要有5个方面：①企业家的基本素质和个性特征；②创办企业的相关法律制度及财税等事宜；③企业内部运作相关的知识和技能；④企业管理学基本原理和内容；⑤成功创业者的案例分析。

3.创业教育实施主体多元化

在日本，除了政府和高校，一些大企业和众多的援助团体或基金都是大学生创业教育的积极参与者和主导者。

4.创业教育与扶植创业相结合

为了切实有效地帮助大学生解决创业过程中遇到的各种实际问题，激发他们的创业热情以及提高日本大学生创业教育的水平，日本各高校通常会对大学生创业进行有效扶植。主要体现在以下两个方面：一是在高校设立专门的创业基金、建立专门的创业指导机构，为大学生创业提供资助和指导；二是充分利用校友资源，通过校友会或由杰出的毕业生组建的援助团体为大学生创业提供帮助。

第二节　国内大学生创业教育现状

一、国内大学生自主创业的发展历程

20世纪末，我国大学毕业生结束就业分配时期，步入自主择业时期。自主择业也包括创业，大学生创业从此开始起步，到现在虽然只有十几年的时间，却发展迅速，已经经历了起步期，进入高热期，而后将日趋理性、成熟。

（一）大学生自主创业的起步时期

大学生毕业分配制度改革在20世纪80年代开始启动，1986年，国家教委制定了《高等学校毕业生分配制度改革方案》，提出在国家指导下，逐步实现学生自主择业、用人单位择优录用毕业生的改革目标，鼓励大学生自主求职。1994年，教委发布《关于进一步改革普通高等学校招生和毕业生就业制度的试点意见》，进一步落实大学生自主择业的规定。面对国家政策变化，大学生开始思考创业之

路。1998 年 4 月，清华大学学生创业者协会联合学生科协策划举办了"首届清华创业设计大赛"，这是中国大学生第一次举办创业设计大赛，标志着我国高校大学生自主创业的起步。此后"大学生创业"这个名词和它所蕴含的启蒙力量开始向中国高校乃至整个中国大地辐射开来。

（二）大学生自主创业的高热时期

创业设计大赛在 20 世纪末的美国已经非常成熟，但在当时的中国还是新鲜事物。随着高校毕业生择业政策的改革，以及清华大学成功举办创业设计大赛的示范效应，国内许多知名高校如北京大学、复旦大学、南京大学等纷纷效仿，举办各种大学生创业设计大赛。在这种热潮的推动下，大学生们的创业理念与以前已经大大不同，他们不再仅把自己定位在一个单纯的技术员，而是自己融资、办公司，自己经营开发企业，参与创业设计的热情高涨。其中一些创业设计大赛的获胜者还获得了企业的资助，企业也乐于通过创业设计大赛寻找优秀人才。在 2000 年年初举办的首届"挑战杯"中国大学生创业设计大赛中，有 20 多名参赛学生的创业计划被企业或者投资者看好，企业投资者当场与学生签订合作协议。

然而此时大学生创业却存在过于集中、盲目乐观的弊病。第一，大学生创业设计集中在计算机网络方面，在 2000 年举办的"张江高科杯"大学生创业设计大赛中，最初征集的创业计划超过 90%都是计算机网络方向的内容，创业企划方向过于集中，雷同现象严重。第二，大学生创业出现盲目乐观的情况。随着改革开放的深入，市场经济不断完善，创办企业变得越来越容易，加之知识经济时代新科技开发应用速度变快，以及国家政策鼓励民营企业建立，在 20 世纪末 21 世纪初的几年间，创业热潮兴起。大学生择业政策改变与创业热潮兴起的时间重合，大学生也投入到了创业大潮中去。然而当时创业教育尚未在高校展开，大学生创业热情虽然高涨，但知识准备和实践锻炼不足，大学生创业往往遭遇挫折。

（三）大学生自主创业的理性时期

20 世纪末 21 世纪初期，大学生创业缺乏创业教育指导，存在过于集中和盲目乐观的弊病，在经济形势乐观的条件下这些弊端还不易显现，一旦遭遇比较大的经济波动则很容易受到冲击。2000 年 4 月 10 日，作为美国新经济支柱的纳斯达克指数开始连续下跌，一路走低，这股寒风让热情高涨的学生创业活动遭遇到挫折。严峻的经济形势让大学生认识到创业并不轻松简单，然而越来越严峻的就业形势又使得大学生不能不考虑创业之路。随着创业教育在高校的推广，大学生能够受到比较正规全面的创业教育，严峻的经济社会现实和丰富的知识准备让大学生创业变得越来越理性，此时的大学生自主创业进入理性时期。进入理性发展阶段后，大学生创业可以依托创业园、创业基地，建立企业，融资和运作。例如在第二届清华创业计划大赛中脱颖而出的"视美乐"团队，建立了自己的公司后与青岛澳柯玛公司合作，成功融资 3000 万元，为公司发展争取到了资金支持。大学生创业进入理性期后，其创业企划、运作管理都变得越来越规范合理，这是大学生自主创业逐渐走向成熟的表现。

二、国内高校大学生创业教育发展状况

创业教育是应经济全球化和知识经济时代的要求而产生的，是社会和经济发展到一定阶段的产物。现代社会高技术人才竞争日趋激烈，大学生就业面临的压力也越来越大，社会职位的数量在不断变化，要解决就业问题，最根本的就是要发展经济，创造更多的就业机会。社会经济要发展就需要建立更多优秀企业，所以大学生创业有重要的社会经济意义，培养大学生创业能力，发展创业教育也就成了高校面对社会需求，回馈社会的任务。中国高校创业教育与创业教育的发源地——美国相比开始比较晚，但发展势头迅猛，经历了试点阶段和推广阶段，有着非常好的发展前景。

（一）高校创业教育的发展情况

1.起步期

中国创业教育起步晚，在美国创业教育大发展的 20 世纪 80 年代，中国才开始引入创业教育的概念。

1990 年，原国家教委组织北京、江苏、湖北、辽宁、河北、四川五省一市参加了联合国教科文亚太地区办组织的"提高青少年创业能力的教育改革合作项目"。

1997 年，联合国全委会与国家教委职教所又在西安举行了《小企业创业技

能课程开展研讨会》。教育部积极鼓励开展创业教育，并于1998年将开展创业精神教育列入相关文件。

我国创业教育尤其在广阔的农村发展很快，部分省市地区开展了创业教育实验，如山东省青岛市政府1994年提出的富民工程，1996年湖南省邵阳市人民政府开展的"十百千万"工程，江苏泰兴、广西博白、河北丰宁等地也均从本地实际出发，以培养专业户、科技示范户为主要目标，进行了不同程度的创业教育。

2001—2002年，我国尝试把创业教育明确纳入发展职业教育总体目标，开始有组织、有目的、有计划地研究和发展创业教育。从创业教育的社会意义与作用，到创业教育的性质、任务、实施、创业教育的目标要求等方面进行系统研究和理论上的探索，也取得了一些初步成果。如江苏省教科所在创业教育理论与实验研究的基础上编写的《创业教育系列丛书》，传播推广了创业教育实验成果，国家"八五"课题《农村创业指导为当地经济发展服务的研究与实验》则对农村创业教育从理论、实践到方法方面，进行了实验探索。

随着社会经济发展变化，高校进行创业教育的需求越来越迫切。面对这种情况，2002年4月，教育部高等教育司在北京召开普通高等学校创业教育试点工作座谈会，指出对大学生进行创业教育、培养具有创新精神、创业能力的高素质人才是高校的迫切任务，并确定清华大学、中国人民大学、北京航空航天大学、上海交通大学、武汉大学、西安交通大学、南京财经大学、西部工业大学、黑龙江大学这9所高校为大学生创业教育试点院校。这标志着在行政引导下，高校创业教育展开阶段的开始。

高校创业教育进入试点阶段后，这9所院校依据自身条件，建立了课堂式创业教育、实践式创业教育、综合式创业教育三种典型的创业教育模式。

课堂式创业教育注重创业学知识的学习，激发学生的创业热情，传授给学生创业所需的知识，完善学生的综合素质。在实践方面，举办创业教育讲座，组织竞赛活动，鼓励学生组织社团、参加各种社会实践活动，获取社会实践经验。此模式偏重课堂训练，实践主要靠校园活动和学生自行参与社会实践，其优势是理论知识准备充足，但实践能力相对较弱。这种模式在文科为优势学科的高校比较常见。

实践式创业教育以实际操作、创业演练为重点，主张在实践活动中学习创业知识，通过实践提高各种综合技能。这种创业教育模式下，学校需要承担更多的工作，高校一般会建立大学生创业园、为学生实践创业筹措资金，设立创业基金并为学生提供咨询服务，对出色的创业策划予以帮助、提供支持。这种模式往往需要创业者有相对独立的技术支持，故而在理工科院校中比较常见。

综合创业教育模式相对上述两种模式更为平衡，这种创业教育模式一般以课堂创业教育作为基础，在课堂传授知识的同时注重激发训练创造思维，同时为学生提供创业实践所需的资金和技术指导。综合创业教育模式结合课堂和实践模式之长，需要投入的师资比以上两种多，但由于兼顾理论知识学习和实践，是比较理想的创业教育模式。

2. 推广期

教育部在进行创业教育试点取得成功之后，开始推广高校创业教育经验，对有条件的学校进行师资培训。2003 年 10 月，教育部在北京航空航天大学开办全国创业教育师资培训班，国内 108 所高校的 180 余名教师参加了培训学习。由于培训收到很好的效果，在此后几年，培训班继续开办，以促进各高校创业教育经验交流。

3. 与国际创业教育合作的高速发展期

中国创业教育在国内推广产生良好效果后，开始积极寻求与国际创业教育合作，其中，与 KAB 和 SIYB 项目的合作是典型范例。

KAB 由国际劳工组织创立，其目的是培养大学生创业意识、创业能力。KAB 创业项目是全球最有影响力的国际大学生创业教育培训体系，该组织已经与世界 30 多个国家开展合作，进行创业教育的研究与培训工作。KAB 与中国合作始于 2006 年，由中国共青团中央和全国青联与 KAB 进行合作，开展创业教育国际合作项目。2006 年 1 月，KBA 创业项目在北京举办创业教育讲师培训研讨会，清华大学等 7 所高校的 16 名教师参加了此次培训。首次合作取得成功之后，KAB 创业教育中国测评中心于 2007 年 3 月在北京成立，这不仅仅是 KAB 创业教育在中国进入正式运作阶段的标志，也是中国高校创业教育与国际合作的一个重要事件。2007 年，KAB 在北京、沈阳、烟台和武汉举办讲师培训班，四地参加培训的教师共有 170 名。KAB 测评中心成立之后，各高校也积极联系 KAB 进行培训，如中国青年政治学院 2007 年邀请 KAB 为教师进行创业教育培训，并且有 25 名学生参与培训。接受过 KAB 培训的教师回到高校，举办讲座，普及创业知识，对学生进行创业培训，组织创业实践活动，取得了很好的效果。

SIYB 是联合国国际劳工组织开发的创业培训体系，其目的是对发展中国家中小企业发展提供支持。SIYB 的培训课程是针对中小企业创立和开发的，有成熟的教材和管理培训组织运作模式，已经在世界 80 多个国家开展项目，普及推广创业教育培训。SIYB 于 1998 年在中国开展项目，最初是与原劳动和社会保障部合作，设立培训机构，其培训课程内容是提高学员能力素质，使他们能比较顺利地进行创业。SIYB 在中国最初开展的培训是针对事业人员和下岗工人，随着合作的深入，以及大学生就业形势变化，培训对象扩大，从 2005 年开始，将青年学生列入创业教育培训人群。

（二）国内创业教育的发展前景

创业教育在我国高等院校中虽然处于起步阶段，但发展前景非常广阔，原因如下。

1. 社会经济的发展需要创业教育

创业教育的兴起和发展是社会经济发展的需要，当社会经济发展到一定阶段，为企业的创立创造了成熟的机会和条件时，创业教育就成为一种社会需要。中国改革开放以后，经济发展突飞猛进，经济的发展带动了各方面事业的发展，社会经济的发展为创业提供了最有利的条件，创业教育的出现也就成为必然。现阶段中国经济平稳快速发展，社会越来越开放进步，创业教育随着社会经济的发展不断发展。

2. 创业者的创业需要创业教育的指导

大学生社会阅历不够，社会关系不广泛，创业启动资金不足，没有创办企业的经验，缺乏相关法律政策知识，以上种种困难均会打击大学生创业的积极性，成为大学生走上创业之路的阻碍。创业教育可以在这些方面为大学生答疑解惑，帮助创业者解决创业方面的疑惑，给予正确的创业指导。

3.高等院校有充分的教育资源对学生进行创业教育

一般而言，创业教育培训需要配套人员和设施，课堂培训需要教师和场地，实践指导需要专业指导机构、创业实践园区或基地等配套机构设施，也需要一定的资金投入。对高等院校而言，教师和场地以及培训机构这些教学必要条件比较容易实现，随着国家对创业教育越来越重视，创业实践教育需要的创业园和资金支持也比较容易通过国家政策和社会基金获取，高校有充分的教育资源对学生进行创业教育。各个高校拥有的资源不同，相对来说，综合性院校创业教育资源更加充分一些。另外，高等院校可以不单只对本校学生，也可以对外校学生甚至社会人员进行创业教育培训。

第三节　我国高校大学生创业教育中存在的问题及成因

一、我国高校大学生创业教育存在的问题

（一）对创业教育的认识不够

随着我国就业制度实现了从原来国家包分配到现在自主择业、双向选择的转变，我们开始注重教育学生树立自主择业、竞争择业、凭实力择业的择业观和就业观，忽视了对学生自主创业观念的培养；注重对学生适应职业、适应岗位的教育，忽视了对学生创造职业、创造岗位的引导，没有在全社会形成良好的创业氛围。

1.高校管理者的认知偏差

许多高校管理者认为创业教育只是就业指导的一项内容，对创业教育还停留在技巧、心理、政策、形势分析等方面的指导，对毕业生进行创业意识、创业精神和创业能力的教育还未引起重视，没有形成系统的教育体系，还停留在举办创业讲座和创业计划比赛等基本的层面上。

另外，许多高校管理者也很少考虑如何充分发挥学生的主观能动性和创造性的潜能，忽略了学生个性的发展和创造性的培养，忽视了人才素质的全面发展，认为大学生在校期间把专业知识学好就可以了，无需创业教育。这是一种典型的、狭隘的、片面的、静态的、封闭的、传统的就业教育观念。

2.大学生的认知偏差

许多大学生认为创业是找不到工作的无奈之举，他们认为只要拥有大学毕业文凭，将来就会出人头地。从而导致学生在大学生活中，不注意自身综合素质的培养，一味只看学习成绩，重学历，不重视学习方法和创新意识的培养，只想毕业后能够找到一个安逸、体面、收入高的工作，从未考虑过自主创业。

多数学生认为创业教育是对少数创新能力比较强、学习成绩非常优秀的学生开展的教育，而大部分学生是难以涉足的。事实上，高校创业教育的一个主要目标就是培养大部分学生的创业意识、创业精神和创业技能，为就业创业打好坚实的基础。

3.家庭和社会对创业教育认知不够

多数家长对孩子大学毕业后就直接自主创业没有很高的期望值，况且对于相当一部分家庭尤其是农村家庭或城镇低薪家庭来说，供孩子读完大学已属不易，而学生自主创业又需要一笔不小的额外风险投资，所以他们不鼓励、不支持大学生创业。社会上也有部分人对在校大学生创业持有一些看法，认为在校大学生创业是不务正业，荒废了学业，给大学生造成一些舆论压力。这些现象都是对创业教育认识不够全面、不够深入的表现。

随着我国教育体制从精英教育向大众教育的转变，目前大学生已经认识到了就业难的现实问题，转变就业观念已经成为影响学生就业的首要因素，必须改变教育者与受教育者的观念，建立全面的创业教育观。家庭、社会、学校要在多层面培养大学生的创业精神，具体如下。

（1）要拓展学生的成才思路，学校应把受教育者从学生定位提升到人才定位。

（2）要拓展教育的创新思路，要把培养知识型人才向能力型、综合素质型、创造型人才转变。

（3）要拓展办学的特色思路。特色就是个性化发展，而个性化是创新的前提，也是生存和发展的方向。

（二）对创业教育的研究不多

1.高校创业教育理论研究不够深入

教育的发展在不同的历史时期会遇到不同的问题，教育本身与社会的发展总处在一种不断协调的关系之中，针对创业教育这个新问题，教育科学研究部门及高校本身需要不断地加以系统研究、探讨，形成一套完整的理论体系。从 20 世纪 90 年代中期至今，创业教育理论研究在我国取得了长足的发展，从每年在各种刊物上发表的论文或学术著作的数量上均可以看出。

然而，从目前的研究成果来看，不论是数量上还是质量上都还处于初级阶段。由于高校创业教育的理论研究不够，系统理论论述薄弱，加上对创业教育实践总结不够，导致理论研究不能够充分发挥对实践的指导作用。

2.高校创业教育脱离学科专业教育，创业教育课程体系滞后

目前，我国的创业教育由于没有融合于学校的整体教学体系中，与学科专业教育的开展并未形成有机联系，只是利用课余时间进行创业教育，这种做法的直接后果就是使创业教育脱离学科专业，使学生失去自身专业优势的有利依靠。我们必须清醒地认识到创业教育决不能脱离知识教育和专业教育而孤立地进行，因为人的创造性是不能像具体技能和技巧那样教授和传授的，它必须通过现代科学知识和人文知识所内含的文化精神的熏陶和教化才能潜移默化地生成。

创业教育课程是对创业教育内容实施的载体，是培养大学生创新创业能力的关键所在。目前看来，我国创业教育课程整体呈现出资源贫乏，课程内容零散，未成体系，只注重开展创业活动的特点，具体体现在以下几方面。

（1）教育课程资源贫乏。我国一些高校只限于在商学院、管理学院和一些工学院才开设创业教育课程，但对这些课程所要达到的培养目标和培养方法都是模糊的，没有明确的认识；甚至有一些高校根本没有开设创业教育相关课程，只是通过毕业生的就业指导来宣传创业教育的相关知识内容，这种方式根本没有将创业教育的思想与学生实际的教育内容相结合、渗透，更谈不上学生创业素质和创业能力的提高了。久而久之，创业教育发展停滞不前。

（2）内容零散，未成体系。有些高校虽然开展了创业教育课程，但课程内容是比较零散单一的，如开设有关创业的选修课，开展创业教育方面的座谈会，这些形式的创业教育课程对创业教育内容的传播是孤立的、不连续的、缺少逻辑体系的，远未形成系统的创业教育课程体系。

（3）只注重创业实践活动的开展。有些高校仅以第二课堂的形式开展创业

教育课程，创业教育只停留在举办创业实践活动，如举办创业论坛和创业设计大赛到企业实习锻炼等，这个过程对学生的实践能力、操作技能、创业能力都有很大的提高，但是却忽略了学生创业知识素养的学习和积累。有很强的实践技能固然是好，但扎实的创业理论也不可或缺。这种形式将造成创业教育与基础教育、专业教育的严重脱节，所学到的知识是孤立、单一不成体系的，最终不利于学生创业意识、创业素质和创业能力的培养。

创业教育课程所需的教材问题也是一个需要引起关注的问题。教材是创业教育理论、内容的外在表现，没有好的教材，创业教育就无法正常有序地开展，也就很难保证创业教育取得良好的效果。我国创业教育课程教材呈现以下几个特点。

（1）创业教育教材理论依据单薄，不能很好地进行指导实践。

（2）教材西化，不符合我国的国情与实际。多数创业教育教材直接将国外教材进行翻译并引用，由于国家之间经济发展不同、实际国情不同、创业教育发展阶段不同等原因，此类教材不能满足我国创业教材的需要。

（3）有些教材只是将有关创业教育的创业活动、相关案例进行简单整合汇编成书，内在逻辑性和系统性薄弱，理论分析不足，缺乏实际指导意义。

（三）对创业教育投入的资源不足

中国是一个拥有十几亿人口的大国，生产力发展水平相对落后和人口众多的国情使我国教育资源严重不足，教育资源不足的状况必将对我国创业教育的开展产生巨大影响。

1.教育人力资源不足

教育作为一种培养人的活动，既可以体现在生产者上，又体现在生产的"产品"上。从广义上讲，凡是与教育有关的人士都属于教育的人力资源。从狭义上讲，教育人力资源主要指从事教育工作和为教育服务的人员，狭义的教育人力资源是指教师而言，我国高中阶段和大学阶段的教师总量存在着严重不足。我国目前部分中、高等学校的普通文化课教师尚且缺乏，更不用说在创业教育师资数量和质量上的保证了。

（1）缺乏具有创新、创业意识的教师队伍。现在大部分教师还是采取"传习式"教学方法，培养单学科"知识型"人才。很多老师的观念仍然保守，认为学生只要学习好，能够顺利毕业就是好学生，并不提倡学生从事自主创业。究其原因，一方面，这是老师缺乏创业意识、创业精神、创业知识和创业能力的表现；另一方面，这也是老师害怕承担责任的表现。所以要想进行高校创业教育就必须要改变教师队伍现状，要从培养目前的知识型、传授型向创新型、全面型的人才转化。学校要制定激励机制，充分调动教师的创新积极性，营造有利于教师开展创新教育教学活动的氛围，组织教师深入研究激发学生创新意识、创新能力的方法及途径。积极创造各种条件，逐步增加教师的创业意识，努力锻造一支符合本校创业教育实际、能够勇于探索创业教育的教师队伍。

（2）缺乏具有创业经历的、专业化的教师队伍。创业教育成功与否与教师的水平息息相关。从事创业教育教师除有较高的理论水平外，更应具备丰富的创业实践经验，目前在高校中从事创业教育的教师大多缺乏实践经验，没有自身创业经历，还停留在纸上谈兵的阶段。国内高校近几年大力引进的教师都是高学历教学型的人才，有一定的学术能力却缺乏创业实践能力，而那些有创业能力和创业实践经验但学历不高的人才，高校既不看重又不敢引进。加之我国专门培养教师的大学本身就缺乏创业教育，很少有创业管理方向的培养专业，因此造成创业教育师资的奇缺。

承担创新创业教育任务的教师与其他课程的教师最大的不同就在于，他不仅要教给学生创业必备的知识，更重要的是能通过互动式的教学从思想上深入激发学生创新创业的欲望，从而调动他们的潜能，去从事创新创业活动。目前高校开展创业教育教学和培训的教师一般来自两个方面，一部分是原来从事企业管理学科教学的教师，另一部分是学生就业工作指导老师。这些教师共同的弱点就是自身缺乏创业经历，在为学生进行创业教育培训时，知识的讲授多于实践经验。为此，高校应采取有力措施解决创业教育中专业化教师匮乏的问题。

季学军指出："我国师范生的培养没有渗透创业教育，导致师范生在创业意识、创业心理品质、创业能力、创业社会知识结构等方面存在着诸多不足。"这真实地反映了我国教师培养现状，俗话讲"有什么样的教师就培养出什么样的学生"，创业教育师资队伍建设刻不容缓。培养专业的创业教育教师和对全体任课教师进行创业教育和培训是创业教育能否有效实施的关键因素。

2. 教育财力资源不足

教育财力资源即人们通常所说的教育经费。我国在教育财力资源的不足体现在国家教育总体投入占 GDP 比例上的不足，教育经费占 GDP 比例常年不足 4%，较之发达国家差距更大。我国政府教育经费投入不足，不仅低于发达国家，甚至低于一些新兴工业化国家和同等水平的发展中国家，财力资源不足的状况直接影响我国教育的整体发展的进程。虽然实施创业教育所需的财力部分来源于社会上的资金捐助，并非像义务教育一样全部由国家承担，但是国家也必须承担少部分创业教育费用。在我国目前生产力发展水平不高，现有教育投入水平较低的情况下，国家对创业教育实施的财力支持必然会十分有限。

3. 教育物力资源不足

教育物力资源就是通常所讲的"硬件"条件。由于教育内部各种支持系统的能力不足，特别是受教育投入等因素制约，所以还普遍存在办学条件差、教学基础设施落后、教育技术现代化程度较低等问题。物力资源是有效开展创业教育活动的前提条件之一，我国在教育物力资源方面投入的不足必将对教学方式方法的选择产生巨大的负面作用，从而使教学的灵活性、生动性受到影响。

（四）创业教育的文化氛围不浓

1. 缺乏良好的校园创业文化

高校所处的文化环境主要包括校园文化和社会文化。其中校园文化既体现为一种观念也体现在学校的制度和物质环境中，它对创业素质的提升具有整体引导、塑造和培养的功能，具有耳濡目染、点滴渗透的效果。把创业教育寓于校园文化建设之中，对学生思想行为可以产生持久而深入的影响，并能有效地诱发受教育者的某些创业意识和心理品质。实践证明，文化背景对于创业会产生深远影响。然而，目前我国多数高校尚未形成一个完善、健全、浓郁的创业文化氛围，学校内部原有的文化氛围、培养目标、激励导向、评价体系都未能向创业素质培养倾斜，在学校里无法感受到一种积极向上、不畏困难、勇于探索的创新创业气氛。

2. 缺乏良好的社会创业环境

系统完善的创业教育文化环境，除了包括良好的校园文化环境外，社会文化环境也在很大程度上影响了大学生接受创业教育的主动性和积极性。因此，创业教育不仅仅是单纯的学校行为，而且还是政府、社会和学校的共同行为，它的实施是一项系统工程。就目前而言，社会传统文化给大学毕业生在创业的人际环境上带来了负累，社会对创业的态度也未形成支持、鼓励的氛围，这些外部环境因素对大学毕业生存在较大负面影响。同时，在政府层面，由于大学生并非我国现有创业大军的主体，工商、税务方面对高校毕业生创业虽有一些优惠政策，但在企业制度、人事制度、投融资制度上的支持不够，目前还没有形成一整套支持大学生创业的政策和法规。

当前许多高校对开展创业教育仍停留在口头层面，还只是一种口号，对创业教育的重视程度严重不足。无法理解创业教育的真正内涵和重要意义；没有形成完备的创业教育课程体系，创业教育处于举办"竞赛"的初级阶段，还停留于毕业生就业指导层面，图书馆关于创业教育方面的书籍少之甚少等，所有这些问题直接导致创业教育无法真正有效的落实，无法发挥其应有的作用。

因此，面对经济社会发展的新形势、新要求，必须重视引导和推动高等学校办学指导思想根本性转变。创业教育作为一种新的教育理念和模式，不但体现了素质教育的内涵，而且突出了教育创新和对学生实际能力的培养。"高等学校要树立新的人才观，明确高等学校是人才培养基地，要以满足社会需求作为发展动力，通过人才培养，促进毕业生创业和提高创业水平，增强学校竞争力和综合实力。"

（五）创业教育的管理模式陈旧

高校对创业教育的管理模式的看法还比较分散，没有形成一套切实可行的管理模式。国内很多高校管理者创业教育理念缺失，并不重视高校创业及高校创业教育，创业行动及创业教育实施也只是临时成立领导小组，在创业教育实施部门上，大多数高校的创业教育由团委或学工处负责，因为这两个部门主要负责学生工作。要使创业教育作为学校一门学科进行开展，教学管理部门要充分发挥作用，而学生管理部门应作为辅助力量参与创业教育。目前，国内高校中只有少数几所大学成立了规范的大学生创业教育中心。国内绝大多数高校的创业教育组织仅仅是临时机构，没有纳入学校常规的教学管理环节，这种缺乏系统性的创业教育很难获得理想的效果。尽管个别高校是由校长或书记担任创业行动或创业教育小组的领导者，但事实上并没有给予创业教育足够的重视。因此，各高校应结合自身实际情况，经过丰富翔实的研讨和论证，将创业教育管理纳入学校常规教学管理环节，强化创业教育组织机构，以此来进一步完善创业教育体系。

二、我国高校大学生创业教育存在问题的原因分析

（一）我国高校对大学生创业教育的理念认识不明确

创业教育的根本价值在于培养学生在未来社会中的创业能力和生存能力，增强学生的创业意识、合作意识、诚信意识和承担风险的勇气，增强学生开阔视野的创业精神和创业能力，为整个社会的创业文化建设发挥辐射作用。但是在现实生活中很多高校的领导，包括教师与学生都对创业教育的目标与实施理念的认知有所误解或不解。有的人认为，创业教育就是培养学生创办企业的能力；有的人认为大学生创业是因为就业无门不得已而为之，学校的就业率高就没有必要开展创业教育；甚至还有的教师认为创业教育就是培养小商小贩，偏失了大学的教育意义等。通过调查我们发现，对于从事创业活动的主要目的，有近30%的大学生认为是赚钱，这说明有相当一部分同学把创业的目的等同于挣钱，还有一少部分同学认为创业就是创办公司，甚至误将勤工助学等同于创业。正是由于这些对创业教育的目标和理念的认识不到位致使一些高校对创业教育表现冷淡，从而使我国创业教育的发展严重受阻。

（二）我国高校对大学生创业教育的层次定位不清晰

目前，我国高校的创业教育应该在整体培养学生的创业精神与创业能力的同时，培养一部分具有创业潜质的学生成为企业家。因此，我国高校创业教育的实施应该有两个层次：一是面向全体学生，培养学生的创业精神与创业能力，使这部分人在各自的职业生涯中保持活力，更好地发展，在各自的岗位上创造更大的价值；二是面向小部分有创业潜质的学生，引导和鼓励这部分有能力的大学毕业生走上创业之路，开发新的经济增长点。但在目前的高校，或一哄而上，引导学生全员创业，或仅仅是创业精神的宣传，不能付诸行动来支持少数有创业能力的学生进行创业。

另外，我国高校大学生创业教育在定位上只局限于创业实务层面，没能开展

全方位的创业教育。从目前高校开展创业教育的形式来看，除几个试点高校外，多数采取"以提高学生的创业技能为重点，进行商业化运作"的模式，如组织学生开展创业计划大赛，参与创业设计活动，实施科技创新计划等形式。实践证明，这种未上升到理念指导层面的创业实务教育，对创业型人才的理解及创造性目标的内涵与各学科知识间的关系不够清楚，无法完整地构建起创业所需知识结构，不能够真正培养学生创业意识，完善学生创业的综合素质，不可能深入持久。我国高校开展的创业计划大赛，一开始就有很强的精英化痕迹，关注的是少部分人的骄人业绩，各个学校设立的大大小小的"创新实验室""学生创业俱乐部""科创中心"等都是精英化的机构，大部分大学生因各方面条件的限制而只能成为袖手旁观的"看客"。创业教育没有在较大的范围内开展起来，不能很好地发挥其广义的创业教育所应有的功能，失去创业教育本身最核心的价值。

同时，我国高校大学生创业教育还存在功利主义的价值倾向。高校的创业教育没有从源头抓起，没有知识与实践的结合，不是重点地以点带面，而是一窝蜂，梦想一夜之间校园诞生无数的老板，创业教育被当成是"企业家速成教育"，成果在于成立大大小小的"学生创业公司"。

（三）我国高校对大学生创业教育的研究不深入

我国高等学校从学术角度对创业教育概念进行界定虽然在 20 世纪 90 年代初开始，但高等学校真正对创业教育进行研究却是从 1999 年开始呈现上升趋势的。从研究的内容看主要是对创业教育的现状和意义进行描述，停留在表层的分析和阐述，缺乏对创业教育规律的探索和对创业与创业教育及经济增长的关系、创业与创业教育的制度建设、创业与创业教育体系建设、创业机会的识别与评估等进行系统的理论研究，缺乏对创业教育实践的总结，其结果是理论研究不能够充分发挥对创业教育实践的指导；从研究队伍方面看，大多数高等学校普遍缺乏专门的创业教育研究队伍，即使是对创业与创业教育有些研究，大多数研究人员也是根据个人兴趣有感而发，其研究成果对创业及创业教育的推动作用也是极其有限的；从研究机构看，大多数高校还没有成立专门的创业与创业教育研究机构，缺少创业与创业教育研究平台。另外，我国学术研究方面也缺少创业与创业教育的研究平台。根据 2001 年美国的相关统计，有关创业和创业教育的刊物达 30 多种，其中公认的权威刊物有 5 种。专业的期刊和杂志是创业与创业教育研究发表学术观点和相互交流的重要渠道之一，对学术领域的发展起着平台作用，而我国目前还没有一本专属于创业与创业教育领域的刊物。由于创业与创业教育在大多数高校研究的力度不够，创业教育在大多数高校还没有得到应有的重视。

（四）我国政府部门对大学生创业教育工作的推进不到位

虽然在党和国家领导人讲话中及国家政府文件中提出大力加强创业教育，鼓励个人自主创业，然而，在推进创业教育的过程中还缺乏有效配套政策和措施。如我国作为联合国教科文组织"创业教育"项目的成员国，早在 1991 年就在基础教育阶段试点创业教育，由原国家教委基础教育司牵头组织了 6 个省市布点研究和实验。当时，创业教育在中国 6 个省市、20 个县乡和 30 多所学校的实验研究取得了一定的成绩，从理论和实践两个层面有力地推动了创业教育的开展，但是，这项实验未能推广和坚持下去，创业教育没能成为全国教育改革的主流，其原因就是政府职能部门缺乏推进创业教育的有效配套政策和措施。由于政府职能部门在推进创业教育过程中没能发挥政府职能部门的行政职能作用和发布信息的优势，加上高校对逐渐兴起的创业教育和大学生创业活动也没有给予足够的重视，致使高等学校开展创业教育明显滞后于社会发展的需要。至今，政府部门也没有形成一个具有指导意义的推进高等学校创业教育的实施意见和专门鼓励大学生创业的政策。政府部门在引导高校推进创业教育和鼓励大学生创业方面存在明显缺位现象。

第八章　职业生涯规划视域下的创业教育研究

第一节　创业教育与大学生职业生涯规划的融合

一、大学生创业教育与职业生涯规划教育相互联系的意义

（一）创业教育与职业生涯规划教育的特性

创业教育与职业生涯规划教育是一种特殊教育，二者具有很强的相似性，都是需要把知识转变成能力的特殊教育。创业教育需要学生在实践中不断积累，提高自身的创业能力。院校积极搭建创业教育平台，组织学生积极参加创业设计大赛，提高学生创业能力。职业生涯规划教育课程也突出学生实践技能，积极开设职业素质拓展项目，提高学生职业生涯规划能力，能对自己的职业生涯有明确的规划，符合学生发展的需要。创业教育与职业生涯规划教育的提升，对提高学生的综合素养，符合现代大学生发展需要。

（二）创业教育与职业生涯规划教育相互促进

创业教育是提高学生创业能力，符合现代大学生发展需要，提高其大学生职业生涯规划能力。职业生涯规划是在对未来职业进行科学、客观评价的基础上，依据外部职业环境的变化而建立的个人职业发展规划，个人职业生涯规划不是一成不变的，它是个人职业发展的一种个性化设计，没有固定模式。创业教育的重要内容之一是培养学生的创新意识。创新意识引导大学生开拓创新。提高自我认知的敏锐性，帮助他们具备主动开展职业探索的意识和能力，促进他们进行个性

化职业生涯规划设计。从而提升职业生涯规划的针对性和有效性。创业教育与职业生涯规划教育二者相结合，提高大学生综合素养，为大学生的今后发展起到重要作用。

二、大学生创业教育与职业生涯教育相融合

（一）组织体系的融合

建立组织体系是实施创业教育和职业生涯规划教育的重要保障。从学校层面上要成立学生创业教育与职业生涯规划工作委员会负责宏观政策的制定。从实施层面上应包括教务部门、学生工作部门、就业指导部门及各二级院系。具体负责课程的设置、师资队伍的建设、教学的组织和评价等。通过构建多层次的组织体系相互协调配合，形成工作合力，提高教育质量和学生的综合素质。

（二）课程设置的融合

大学生创业教育与职业生涯教育都是提高学生就业能力，在课程设置的过程中，要充分考虑课程的融合，根据学生的专业特色，以及将来工作的职业岗位职责，在课程设置的过程中，要把创业、职业生涯规划、专业课程、社会服务课程有机结合，全面提高学生的创新创业能力，符合现代高等教育发展趋势。

总之，大学生职业生涯规划与创业教育具有相似性，都能提高大学生的综合素养，为大学生将来就业打下基础，提高学生创新创业能力，符合现代高等教育发展的需要，全面提升大学生综合素质，为区域经济发展服务。

第二节　职业生涯规划视域下大学生创业教育的实施

一、高校创业教育课程建设

开展创业教育课程的目标是培养学生的创业意识和为社会主义事业奋斗的责任感、使命感，培养学生坚忍不拔、不屈不挠的意志力，敢冒风险、敢于行动的拼搏精神，善于自我调整、团结合作的心理素质。通过开设创业教育课程，帮助学生搭建合理的创业知识结构，进行知识储备，教育和引导学生全面理解创业的

深刻含义，了解创业所需要的各种能力和素质，帮助学生明白各种能力和素质的获得途径，并可以运用到今后的生活和工作中，让学生有的放矢。

（一）国外创业教育课程建设介绍

美国的第一个创业教育课程诞生于 1970 年。1980 年，第一个本科创业教育专业诞生在百森商学院、贝勒大学和南加州大学。1979—1986 年，中小企业与创业课程成长迅速并蓬勃发展。如今，美国至少有 400 个学院和大学提供了一种或多种创业课程，许多顶尖大学现在提供了创业方面的课程和学位。据统计，到 2004 年，开设创业课程的美国大学和学院已超过 1100 所，其中 50% 以上开设并提供了至少 4 门创业方面的课程。有研究显示，佐治亚大学、印第安纳大学、宾夕法尼亚大学沃顿商学院已经专门开设了创业方面的博士学位课程。还有一些院校在原有商业教育的课程内容中涵盖了部分创业方面的内容，如波士顿大学、科罗拉多大学波德分校、佐治亚技术学院、哈佛大学、休斯敦大学等。

百森商学院有 35 名专职从事创业教育和研究的教师共开设了 33 门课程，该校通过设计一个著名的创业课程教学大纲、独一无二的外延拓展计划以及共同资助世界上最著名的一个学术研究会来支撑创业教育、倡导创业精神。创业课程教学大纲中的必修课程有"新生管理体验""新企业创立""成长型企业管理"和"创业企业融资"；选修课程主要有"连锁经营、授权和分销途径""组织内部的创业""家庭企业管理学""经营和税务""管理收购""创业企业营销""风险投资和成长资本""创业领域专题学习和研究"（主要是在教师指导下从事创业教育课题研究的一门实践性课程）等。许多课程极富特色和创意，如"新生管理体验"课程。新生班级被分成若干团队（小组），在教师指导下制订出创业计划，以团队的形式贷款 3000 美元作为原始资本启动一家新公司，公司在学年结束时必须返还本金和利息，超过原始资本的利润作为大一学生开办慈善事业的基金。到目前为止，每个学生小组学年末都有盈利。

伦斯勒理工大学有 22 名教师，共开设了 20 门课程。加州大学伯克利分校从事创业教育的教师是 20 名，共开设了 23 门课程。创业教育的课程是一个系列，涉及的内容主要有：创业涉及的法律、新兴企业融资、商业计划书、创业领导艺术及教育、经理个人计算技术、创业管理运作、技术竞争优势管理、启动新设企业、大型机构创业、社会创业、成长性企业管理、家族企业的创业管理、创业营销、企业成长战略等。

斯坦福大学的主要院系都开设了创业方面的课程，其中工学院和商学院的创业教育最为完善，如工学院的技术创业项目（简称 STVP）的目标是促进高技术创业教育，培养未来工程师和科学家的创业技能。该项目为不同层次的学生开设了相应的课程，如为研究生开设了"高技术创业管理""全球创业营销""技术创业"等讨论较为深入的课程，为博士生开设了创业学科领域的研讨课。另外，他们还为全校的本科生、研究生开设了讲座性质的"创业思想领导者讲座"。这些课程特点非常鲜明：理论与实践紧密结合，学院与业界良性互动。例如，"技术创业"由三位有丰富创业和企业管理经验的客座教师共同开设，而商学院开设的"创业管理"课程由一位校内教师和一位客座教师一起上。这些创业课程的课堂普遍互动性很强，其中一些讲座性质的课程开课方式更为灵活，学生可在多个学期内完成这门课，只要听了一定数量的讲座并上交相应的讲座总结，即可获得学分。

澳大利亚政府积极实行创业教育课程结构的改革与调整，开发出了四套模块化教材，即综合性介绍类教材、工业类教材、商业发展类教材和远程教育教材。每套教材的主要内容分别有：管理自己，即对创业者和经营者个人素质进行评估、开发和培训；管理他人，即策划、创建、经营与运行、财经与保险、市场；教学评估，是可以独立地着重培养学生创业能力的教学模块，即按学生的兴趣和要求选学 30 ~ 200 课时的课程。

肯尼亚政府已经开发出了一个创业教育方面的课程大纲，该大纲主要涉及创业和自谋职业、创业机遇、创业意识、创业动机、创业能力、企业经营管理等方面的内容，侧重培养职业学校学生的创业意识和创业能力。

（二）高校创业教育课程的开设形式

为了有针对性地培养大学生的创业意识、创业能力、创业精神等创业素质，高校应针对不同年级、层次的学生，结合当今社会形势及学校特点，开设创业教育课程，努力构建创业教育课程体系。

1. 调整教学计划

高校可按照创业教育的要求对原有教学计划进行调整，并按照厚实基础、淡化专业、加强素质教育和创业能力培养的思路，设计新的专业教学计划，结合专业课教学，通过渗透、结合、强化的方式，加强学生创业意识的培养。在教学实践中，不要求打破现有的课程体系进行专门的创业教育，而是要在现有课程中挖掘、开发、增强创业教育的内容，在课程建设上提倡"文理互补"等多种协作方式，加强"通才"培养，为创业打下坚实的知识基础。在前期可确立若干个创业教育示范试点专业，并出台相应的《创业教育试点专业教学计划的原则意见》，从培养目标、专业教学计划、学制和学分规定等方面保证创业教育与专业教育的同步实施。

2. 开设公共必修课

创业教育课程中的公共必修课是全校各专业学生所必须学习的，是以提高全体学生的创业意识、创业知识和创业心理品质为重点的。它的特点是提高全体学生的综合素质。这类课程应主要设置在大学三年级这一学年，内容可涉及创意理论和实践、广告创意、创业案例分析、企业家精神、创业管理知识、公共关系学、信息处理、法律基础知识等，诸如把"新企业创立""成长型企业管理""创业企业融资""创业财务""创业管理""创业营销""专业服务公司""小企业的经营与成长""风险投资与个人股权""投资管理与创业财务""环境创业精神""创业精神与风险投资""营销与生产一体化设计""创业机会评估""创业战略""创业与社会发展""信息处理产业的战略制定与实施""技术创新的战略管理"等融入创业教育课程的基础知识中去，也可避免课程的重复设置。

同时，也可以将创业教育融入就业指导课，在就业指导课课程安排上，专门开辟创业指导内容，全面普及创业知识、素质、途径、方法等内容，帮助学生尽早形成创业意识，使单纯的就业指导变为就业教育指导与创业教育指导并举，构建新的就业教育体系，并贯穿学生大学四年的学习过程。

3. 开设公共选修课

创业教育课程中的公共选修课，应旨在面向部分学生（主要是理工科、商科学生和有创业意向的学生），为这些学生提供进一步学习创业知识的途径。开设

"新生管理体验""商务基础""创业者的心理品质""企业家精神""金融股票知识""谈判技巧""演讲口才""人力源管理"等创业教育课程，为有创业愿望的学生补充某方面的知识。它在公共必修课的基础上，应适当拓宽和加深有关内容，并更多地注重培养学生分析问题和解决问题的能力，学生可以根据自己的具体情况在规定的科目中进行选择。当然，文科学生若有兴趣，也可选修，考核通过同样给予学分。需要说明的是，虽然在自由选修课中可设置"模拟创业"等一些具有实际操作性的课程，但并不是说就鼓励学生弃学创业。

4. 引入国际创业培训课程

在国际劳工组织的创业教育课程体系中，KAB 项目、SIYB 项目、YBC 项目共同构成了一个完整的创业培训体系，可根据需要将其设定为必修课或选修课。

（1）KAB 项目

KAB 是国际劳工组织为培养大中学生的创业意识和创业能力而专门开发的新项目。该项目旨在通过教授有关企业和创业的基本知识来提高毕业生的创业能力和就业能力。目前，该项目在肯尼亚、斯里兰卡、秘鲁、乌兹别克斯坦、印度尼西亚、坦桑尼亚、越南等十多个国家已得到很好的应用。2005 年，中华全国联合会与国际劳工组织进行三轮项目磋商，正式启动了 KAB 大学创业教育项目。"大学生 KAB 创业基础"以国际劳工组织开发的教材为蓝本，将培训内容分为八个模块。

模块 1：什么是企业？

模块 2：为什么要发扬创业精神？

模块 3：什么样的人能成为创业者？

模块 4：如何成为创业者？

模块 5：如何找到一个好的创业想法？

模块 6：如何组建一家企业？

模块 7：如何经营一家企业？

模块 8：创业准备——商业计划书。

该课程对企业、创业等职场元素进行了分析和介绍，通过测量工具、团队游戏帮助学生了解创业者的基本特征和所需素质，使学生了解从产生商业想法写出商业计划书，组建一个企业直到企业发展、运作的基本过程。通过课程学习，学生可以较为深入地了解职业环境和商业的基本运作过程，同时掌握建立和运营企业的基本知识及技能，提高学生毕业后的职场适应能力和创业能力。该课程实行小班授课（不超过 30 人），采用参与式的培训方法，可使学生的沟通能力、表达能力、团队合作能力、领导能力等基本素质得到发展和提高。

（2）SIYB 项目

SIYB 项目是联合国际劳工组织为了支持发展中国家中、小企业的发展，专门组织开发的创业培训体系，由英国国际发展部提供资金支持。该项目由一系列针对小型和中型企业开发的有专门教材的、精练的和模块管理的培训课程组成，在世界上 80 多个国家推广。该项目是在英国政府和日本政府的资金援助下，根据我国再就业工程的需要，由原劳动和社会保障部与国际劳工组织合作实施，为促进社会就业而推出的具有探索性的试点培训项目。

SIYB 项目于 1998 年 4 月开始启动，率先在北京、上海、苏州三个城市试点，并获得了成功。2000 年有 30 个城市加入试点行列。1998—2000 年，全国共有 3 万人参加了创业培训，其中 1.85 万人成功创业，创造就业岗位 7.4 万个。1998 年以来，全国共组织 150 万人参加了创业培训，有 70 万人成功创办了企业或实现了自谋职业，创业成功率达 46%，并新创造 200 万个就业岗位。此项目设计期限为 3 年，自 2005 年 7 月正式开始实施。同时还将尝试向进城务工人员和大学毕业生提供培训服务。从 2005 年以后，该项目的服务范围扩大到了农村。

SIYB 创业培训是一套简明、通俗、实用的创业培训体系。它打破了传统的教学模式，利用现代化多媒体教学工具，通过头脑风暴法、情景模拟法、角色扮演法、SIYB 游戏等多种培训方法，形成了教师与学员之间的真正互动，极大地激发了学员的学习潜能与学习兴趣。

该项目的培训内容涉及以下四个模块，四个培训模块既相互独立，又相互联系，学员可根据自身情况选择。课程采取"U"字形授课模式，小班授课，增强了教师与学员的互动性、参与性，提高了教学质量。

模块 1——GYBI（产生你的企业想法）：确定你是否具备创办企业的素质和能力，产生创办企业的想法，找出最适合你个人情况的创业想法。

模块 2——SYB（创办你的企业）：了解小型企业的法律要求，制订企业人力资源管理计划、市场营销计划和财务计划，规划你的企业财务，计算所需投资，将各种计划整理好。

模块 3——IYB（改善你的企业）：开发和实施市场营销计划，为产品和服务核算成本，控制库存，准备财务计划和财务报表，建立记账体系，起草生产力改进计划。

模块 4——EYB（扩大你的企业）：帮助希望扩大自己的企业的增长型企业家在扩大企业的方面获得战略性建议和战略规划服务，使企业家在课程结束时制定出一套适合自己企业的可行的企业增长战略，并能够成功地指导企业增长战略的实施。

（3）YBC 项目

YBC 项目是 2003 年 11 月由共青团中央、中华全国青年联合会、原劳动和社会保障部、中华全国工商业联合会等机构倡导发起，旨在扶助中国青年创业的教育性公益项目。通过借鉴和利用英国青年创业国际计划的项目模式、先进经验和国际资源，中国青年创业国际计划将探索符合中国国情和文化特点的创业扶助模式，帮助中国青年走上创业之路。该项目通过动员社会各界特别是工商界的资源，为创业青年提供"一对一"导师辅导以及资金、技术和网络支持，帮助青年成功创业。和其他创业项目相比，其最大的不同在于：它不仅能为创业青年提供 3 万至 5 万元的创业启动免息贷款，而且还能为他们提供"一对一"陪伴式的创业导师辅导，既融资又融智。众多有社会责任感的企业家、企业管理人士以志愿者的身份参加项目的推广、管理工作，他们或者提供资金、技术、网络支持，或者本人担任或是鼓励员工志愿担任创业导师。

5. 选择合适的教材

在教材的选取上，既可充分利用现有与创业相关的教科书，也可编著实用性、针对性强的本土大学生创业教育教学教材，组织有经验的教师编写与创业相关的讲义和课件，作为开展大学生创业教育教学的学习教材。主要内容涉及国内外大学生创业概况、创业者与创业团队、创业机会的识别、创业计划、创业融资、企业创立、财务管理、人力资源管理、生产管理、营销管理、技术与质量管理、企业文化管理、创业风险管理、企业扩张与再创业、创业成功案例、国内大学生创业优惠政策、"挑战杯"大学生创业大赛等，主要面向本、专科生。

（三）高校创业教育课程的教学方法

传统的教学方式存在着很大的局限，创业教育的教学方法必须具有新思维，另辟蹊径，打破以往教学方式的束缚。教学方法和教学手段的合理选择和运用对于完成教学任务的意义是十分重大的，是促进学生掌握知识和发展能力的保证。

1. 突出问题教学

以解决问题为中心组织教学，这类教学方法既可解决旧问题，也可解决实践中遇到的一些新问题，可促使学生积极思考。比如可能会遇到这样的问题：在现实创业中怎样有效地进行商业交流与公关交往，怎样激发创业个体和创业团体的创造潜能，怎样利用各种有效资源和制订商业计划，等等。这种教学方法不仅可让学生独立思考，也可让学生分小组讨论甚至辩论，这不仅能培养学生对创业问题的分析和判断能力，也能增强学生的合作与竞争的意识和能力。

2. 案例分析教学

创业教育是要让学生知道怎么想、怎么做，不以单一专业知识或技能的传授为目的，通过采用典型的、有特色的创业案例教学，充分体现出创业成功者的创业方法、过程、规律和创业精神，启发学生，使学生通过自己的分析和研究，引发创业兴趣，建立创业思想，进行自我创业设计，突出创业教育的个性化。进行创业案例分析，不仅要分析成功案例，也要分析失败案例，目的是让学生从经验中学习，将经验和教训上升到理性认识。进行创业案例分析，可以考虑让业界人士参与教学。例如，邀请业界人士跟学生们座谈，给学生们开讲座。他们的创业过程报告可以形成一个鲜活的案例分析，这样更能提高学生的兴趣，增强他们对创业的分析能力。根据教学的需要，也可恰当地使用图片、实物等直观教具以及投影、幻灯片、电视、录音和计算机辅助教学等现代化教学手段，以增强知识的直观性、形象性和立体性，加速知识的理解进程。

3. 集体讨论式教学

集体讨论式教学是在教师的主持下，通过以学生为主体的集体对话和讨论的形式进行多向信息交流的一种教学方法。首先，它从根本上改变了以教师为绝对中心的传统课堂教学结构，突出了集体学习的重要性，既解放了教师，也解放了学生。其次，集体讨论教学是在集体讨论中，使每个学生都可以发表见解和看法，能激发学生进行创新思维，从不同的角度、不同的理论基础来分析问题。最后，集体讨论为学生之间、师生之间提供了一个交流的平台，有助于集合集体的智慧来解决问题，在交流和讨论中对某一问题达成共识。同时，还能够培养学生多维度的思维能力，激发学生的学习热情，活跃课堂气氛。

4. 拓展训练教学

通过设计独特的思想性、挑战性和趣味性的户外活动和游戏活动，培养学生积极进取的人生态度和团队合作精神。在创业课堂教学课程中可以通过在室内和户外精心设置一系列新颖、刺激的情景，让学生主动去解决团队合作中可能存在的问题。在参与体验的过程中学生心理受到挑战，思维得到启发，然后通过共同讨论、总结，进行经验分享，感悟团队合作精神的重要性。

5. 操作式教学

这是要求学生动手进行具体操作的一种教学方法，有利于发挥学生的创造性和主观能动性，也有利于锻炼学生的动手能力，提高其操作技能。主要有以下几种形式：一是组织学生自己动手制订小型企业的创业方案。可以以组为单位，每组 4～6 人，依靠协同学习的优势，写出创业方案。通过方案的制作，促使学生收集创业信息，巩固创业知识，明确创业思路，培养学生的团队合作精神，为以后创业打下基础。二是组织学生承担一定的课外项目。其目的在于接触企业、了解企业，进行实战演练，增强实战能力。同时，学生可以锻炼自己的沟通能力、分析问题的能力等，与他人建立和保持更广泛的联系。三是组织学生自己制作创业作品，学生在创业作品的设计过程中，会综合运用各种知识，还要查阅大量的资料，这本身就是一个全面锻炼和提升的过程。

二、高校创业教育实践教学

创业教育的实践教学是提高学生创业能力的基本方法和主要途径。创业教育最根本的目的就是提高学生的创业能力。创业能力是一种以智力为核心的具有较高综合性的能力，是一种具有突出的创造特性的能力。创业能力包括专业技术能力、经营管理和社交沟通能力、分析和解决实际问题的能力、信息接收和处理能力、把握机会和创造机会的能力等。在上述各能力中，有的可以通过课堂教学来获得知识，再由知识转化为能力；而大部分必须鼓励学生积极开展创业实践活动，通过创业实践来提升创业能力。创业实践过程既是学习的过程，也是传授知识和技能的过程，通过多种形式的创业实践活动，培养学生的动手能力和实践能力，为将来的创业做好知识、技术、能力的储备和创业心理品质的准备，增强大学生对未来创业环境的适应力。

（一）高校创业教育实践教学形式

创业教育既要加强教学计划内的实践环节，如科研实验、专业实习、军事训练、劳动教育等，还要加强教学计划外的实践活动，如校园文化活动、专业技能竞赛、各类型的文化指导服务等；既要加强专业内的实践，如专业实习等，还要加强专业外的实践，如各种青年志愿者活动、社会调查等；既要注重学生的自主参与，还要注重教师的指导。

1.结合课程开展实践

结合各门专业课程的特点，将创业教育的有关内容和因素，有机地渗透到相应的教学内容中去。在课堂教学的特定时空中，在完成该专业特定的教育教学目标的同时，努力完成与此紧密相关的创业教育教学的要求。比如，大学时期怎么分阶段培育学生的创业意识。对丁大一新生来讲，可以组织开展创业观察实践和创业案例分析活动，通过调查、讨论等深化对市场、社会及个体经营者的直接了解和对行业、职业、岗位的具体感知，引导其逐步激起创业欲望、形成创业兴趣。引导大二学生收集创业信息，可以开展如创办创业信息手抄报，建立创业信息库、创业点子库和优秀创业方案库等创业信息收集活动。对于大三、大四学生，一方面可以邀请创业成功的校友举行自主创业报告会"现身说法"，给予学生创业技术上的指导和帮助，另一方面也可以通过开辟创业论坛、举办创业演讲比赛和创业方案设计大赛等多种形式，进一步深化其创业动机，鼓励有条件的大学生积极开展创业实践。同时，应注意在实现该专业原有实践活动课特定教学目标的同时，相应地实现有关创业教育的任务与邀请。比如，将学校的综合素质教育、学生的工程训练、有关的专业竞赛活动（如"挑战杯"大赛、电脑网络大赛、数学建模比赛、程序设计大赛、机器人设计竞赛、集成电路设计竞赛、创业创意竞赛、企业管理案例分析挑战赛等）等有意识地与创业教育相结合。

2. 开展创业体验活动

通过开展体验活动，让学生模拟实际创业过程，提升学生的创业综合能力。这些活动要求参赛学生围绕一项具有市场前景的产品或服务，经过深入研究和广泛的市场调查，完成一份把产品或服务推向市场的完整且具体的计划报告。完整的计划报告应该包括企业概述、企业展望风险因素、投资回报、退出策略、组织管理、财务预测等方面的内容，甚至最终把创业计划变成现实。通过举办创业计划大赛、开设创业体验课等活动，可为学生提供锻炼的机会，积累创业经验；让学生全面了解创业过程，为开展实际创业工作做好心理准备；让学生明白自己的优劣势，明确自己需要加强的方向；融合创业知识，形成基本的创业综合能力。

3. 开展企业岗位实践

利用寒暑假组织开展社会实践活动，鼓励学生参加社会和企业的调查，让学生深入社会、深入企业，对就业市场和创业环境有初步的了解，对自己应当具备的能力有一定的认识，从而培养自己的知识应用能力；通过加强校企联合和实践基地建设，利用学生的人才优势与校外的高科技研发机构形成合力，让学生的创业活动与企业之间形成良好的互动，引导创业活动向长期化、社会化、实战化发展，推动学生的创业成果尽快产业化。

通过开展"百企千岗"走进成功企业活动，山东建筑大学信息与电气工程学院探索出一条激发学生创业意识，促进学生树立创业理想的途径。通过开展此项活动，一方面以社会实践活动为纽带，组织学生考察企业创新、创业的经历和经营状况，让他们在火热的社会生活中明白创新、创业的艰辛，感受艰苦奋斗的创新精神，克服追求、贪图安逸的懒惰思想；另一方面建立大学生青春创业实践基地，为学生提供创业实践的便利，如创业见习基地、创业实习基地和创业家园等，实现产、学、研一体化。学校对建设创业实践基地给予人力、物力、财力上的保障：扩大对创业实践基地的投入，从经费上给予保证；安排特定的场所，从场地上给予保证；配备得力的指导教师，在人力上给予保证，充分调动师生参与实践基地建设的积极性、主动性，营造良好的创新、创业的社会实践氛围。

4.开展"模拟公司"实训

所谓"模拟公司",是指按照实际公司的组织结构和商业操作程序运行的虚拟公司,从形式到经营都与传统公司一样,只有产品和货币是数字化的。参与实训的大学生按人数分为不同的创业团队,从工商注册、税务登记、面试员工等步骤着手,"实打实"地开设一家自己的"公司",感受创业的全部过程。

"模拟公司"实训是一种政府出钱购买的培训服务,由劳动保障部门负责管理和对效果进行评估。培训基地将主要由大中专院校提出申报建立,政府提供一定数额的补贴。师资力量则由非营利性质的国际组织"全球模拟公司联合体"进行培训。例如,杭州市对每个非政府建设的"模拟公司"实训基地,经劳动保障部门确认后,给予1万元的建设补贴。

5.开展实训体实践

实训模式的载体可以是大学生乐于接受的社团或"创业训练营""创业实验室"等组织形式。实训体本身可以经营管理模式来运行,可设立董事会、股东大会、CEO、总经理、财务经理、人事经理等,通过大学生自己的分工协作来推动实训体的管理和发展。高校应当充当服务者的角色,为大学生创业提供相应的教学资源,为企业提供科研和技术上的支持。企业应当为大学生提供更多的技能培训,包括企业战略、企业文化、财务管理、产品研发、市场营销等,同时企业可以共享实训体创造出来的成果。

实训体本身就是大学生创业的一种尝试,可以说是虚拟的法人。从创立到经营,大学生可以自主制定章程,根据经营需要设立内部机构,制定各项管理制度,每个人严格履行自己在实训体内部的职责,明确责任分工,团结协作,取长补短。企业在对大学生进行技能培训的同时,定期对实训体各机构进行考核评估,建立相应的激励机制。实行定期换岗制度,尽量让每个学生尝试实训体内部的各个角色,使其对企业经营有整体性的把握。高校在做好服务者的同时,还要积极与企业沟通,维护好大学生的权益,实现三者共赢的格局。实训体还是大学生实现社会化的有益途径。通过企业的融入,大学生在校园实训的环境中可以接触社会、了解社会,逐步与社会接轨,学会接纳社会规则,懂得如何整合资源获得社会支撑和帮助。总之,通过校园实训的建设,可以不断完善高校创业教育环境,从而建立起学习体系—实训体系—评估指导体系—激励体系为一体的大学生创业服务体系。

6.创建互动平台

利用校园广播电视、计算机局域网，加强校园创业信息服务网络建设，并通过网络平台，收集、研究、处理、反馈适应大学生就业和创业需要的短期市场信息，为学生创业提供创业项目、创业资金、创业导师、创业资源、创业政策等信息咨询服务，实现大学生创业群体的沟通和交流，增强创业大学生的集体归属感，强化大学生的创业意识。在校园网开设大学生创业论坛，提供创业项目信息、创业案例分析、大学生创业优惠政策、网络学习课件，为大学生学习创业理论、创业知识提供资源。通过校园网互动方式，全校性选修课主讲教师可与学生建立QQ群，大学生创业协会可在会员中建立QQ群，定期交流学习实践体会，更加直接地参与讨论学习。

（二）建立大学生创业中介服务机构

1.建立创业教育培训机构

首先，学校要配备专业的创业课程教师，加强对创业教育教师的专业培训，鼓励青年教师直接参与创业实践，与学生共同成长发展；其次，可以聘请一些企业家、成功的创业者授课或担任兼职教师，从事创业方面的辅导工作，扩大创业教育的师资队伍。对大学生创业者进行风险投资的培训，让大学生创业者了解争取风险投资的技巧，提高项目的市场适应性，让项目更具成长和营利潜力。

2.推行职业资格证书制度

国家社会劳动和就业保障部颁发的国家职业资格证书对大学生就业与创业有很大的帮助。在创业教育中，积极推行大学生职业资格证书制度，实行学历证书与职业资格证书并重制度，是培养复合型创业人才的重要举措。高校可以根据自身优势申报和设立各类国家职业技能鉴定所，为学生毕业后顺利走向社会和被社会承认创造条件。国家职业资格类别有：营销师、物流师、企业培训师、企业信息管理师、心理咨询师等。岗位认证有：土建预算师、安装预算师、房地产策划师等。

（三）建立大学生创业园

有条件的高校可建立大学生创业园，为创业教育提供综合性教育基地，学校应提供特定的区域，吸纳学生建立的实体化创业公司或创业团队入驻。

1.园区建设

园区带有孵化器性质，是学生和企业、社会沟通的桥梁，使学生能够直接感受社会氛围，在从事研发、营销、商业服务的创业实践中掌握创业本领。每个创业团队办公面积为 20 ～ 40 平方米不等。实行一园多区，可在园内设科技开发类创业区、信息技术类创业区、商业服务类创业区，并制定《大学生创业团队管理办法》，严格管理创业团队，团队进驻园区需提出申请、接受资格审核，确保入园团队质量。也可设立创业种子基金，根据对入园团队的资格审核情况，进行扶持，为各入园创业团队配备导师，指导创业活动等。在建设及管理上，可以吸取黑龙江大学大学生创业园及温州大学大学生创业园的经验。

2.项目管理

（1）基金项目式

学校通过社会力量筹集学生创业专项基金，以项目的形式支持学生创业、科技创新创业。科研处组织专家对学生所申请的创业项目进行评审，根据专家评分按一定比例选取优秀项目准予立项。项目实施具有一定周期，因客观原因，创业项目承担人需对创业基金项目的计划目标、进度和经费进行调整或撤销，必须提出书面申请，经创业园审核并提出意见，审批执行。项目验收由项目承担人在合同到期后，向科研处报送有关项目验收的必要材料，由科研处组织专家审核并提出验收意见，并由学校创业教育小组审核批准。

（2）模拟企业式

对于有优秀项目的在校学生（如曾获得国家专利、"挑战杯"、"开拓杯"等相关奖励的学生），经科研处组织专家评审后，选取优秀项目以模拟企业方式，挂靠在学校名下运作，为学生创办企业提供平台。对于挂靠在学校名下模拟运作企业的创业学生，应与创业指导中心签订责任书，保证创业项目合法、可持续地健康发展，对运行不良或濒临破产的模拟企业，需履行清算核销手续，报创业指导中心领导小组批准后撤销。

（3）实体企业式

在校学生和毕业两年以内未就业的毕业生以创办的实体企业入驻创业园，需先提交相关材料，由创业指导中心审核后批准入驻。创业指导中心将协助入驻企业进行工商注册、税务登记；对入驻企业建立档案，进行跟踪管理，提供商务服务；组织入驻企业参加市内外各种交流活动；指导其进行专利申请；组织各类培训，开展咨询服务；协助办理科技成果鉴定等手续；推荐并协助企业申报科技项目、小额贷款等。学生创立的企业入驻应遵守和执行国家有关制度，守法经营，遵守和执行中心有关规章制度，积极支持、协助、配合中心管理机构开展各种创业服务工作。

（四）开展创新、创业大讲堂和导师讲座

创新、创业大讲堂要聘请社会上有创业经验的企业家作为创业导师，并主要从以下四个方面进行讲解：关于创业历程、关于思想上的体悟、关于创业的支持和理论性的知识。讲课内容要结合大学生的知识层面，贴近大学生生活，保证讲座的高度、水准，注意调节现场气氛。讲座的主要内容包括以下几个方面。

1. 关于创业历程

（1）企业家导师的创业经历。（可针对创业的不同阶段，多举事例，尤其是多谈谈起步阶段的事例。）

（2）在创业中企业家导师遇到的最大挫折是什么，又是如何克服的。

（3）企业家导师如何获得自己的第一桶金，在创业中什么事是让自己最高兴的。

（4）企业家导师是如何获得第一份风险投资的。（包括寻找资金的经历及获得风险投资的原因等。）

2. 关于思想上的体悟

（1）大学生如何选择项目。（包括专业能力、市场等方面，可结合企业家本身的经历进行论述。）

（2）企业家导师创业的动机是什么。（为什么创业，作为创业者，企业家导师追求的是什么。）

（3）企业家导师觉得创业者必备的技能和素质有哪些，并简要论述。

（4）企业家导师觉得什么时候创业最适合（是大学毕业后，还是工作一段时间后创业），其原因是什么。

（5）简要论述创业的各阶段并谈及每个阶段中需要注意的事项。

（6）谈谈企业家导师对失败的总结，并谈谈创业的经历对自己的启发。

3. 关于创业的支持

（1）企业家导师觉得创业需要哪些外部条件。

（2）企业家导师在创业前需要具备哪些条件。（资金、能力、项目等。）

（3）谈谈企业家导师现在所关注的国家关于创业的政策及现在创业的大环境。

4. 理论性的知识

（1）分析具体的案例，给出可行性的方案。（商场如战场，必定会有许多经典的战役，分析在交战中双方的得失情况。）

（2）企业家导师是如何看待机遇的，又是如何去发现机遇的。

（3）企业家导师如何去规划自己的企业。（企业的发展目标，并谈及如何发展自己的企业，如何吸引人才，如何以小抗大等，即如何在现有的环境中保证自己的企业能够存活。）

（4）企业家导师对本行业的市场分析，包括"创业之初"和"现在"的市场形势。（通过对市场的分析，引导学生对创业的道路有一个更深刻的理解和认识，也让他们能够更好地理解如何创业。）

（5）大学生创业该如何开始。（许多大学生有想法，但是不知道该如何着手，通过自己和周围人的一些经历，提出一些建议。）

（6）大学生创业之前应该做好什么准备。（比如知识上需要准备什么，行动上又需要准备什么等。）

（7）对现在市场的看法并就现在的市场给创业者一些建议。（通过对目前市场形势的理解，为创业者提供一定的建议和看法，使他们能够少走弯路。）

东莞理工学院几年来结合共青团中央、全国青联、松湖华科产业孵化园、诺基亚公司，在全国举办莞工青年论坛，在学校开展了创新、创业大讲堂，先后举办了很多场次的活动，如东莞市委副市长江凌作关于"东莞经济社会发展形势"的报告，华厦国际投资集团副总经理梅国兰作关于"大学生如何创办一家企业"的讲座，对学生创业能力的培养起到了较好的启发作用。

参考文献

[1] 王本贤，潘永亮．创业基础 [M]．南京：南京大学出版社，2014.

[2] 丁立群，吴金秋．创业教育的目标与功能 [M]．北京：中国高等教育出版社，2004.

[3] 李时椿，常建坤，杨怡．大学生创业与高等院校创业教育 [M]．北京：国防工业出版社，2004.

[4] 罗天虎．创业学教程 [M]．西安：西北工业大学出版社，2004.

[5] 王贤国．大学生创业教育教程 [M]．大连：辽宁师范大学出版社，2006.

[6] 杨艳萍．创业学 [M]．长沙：湖南大学出版社，2004.

[7] 余忠钦．创业教育导论 [M]．北京：中央民族大学出版社，2007.

[8] 张天华，孙雅静．成功教育教程 [M]．沈阳：东北大学出版社，2007.

[9] 程良越，谢珊．大学生职业生涯发展 [M]．广州：广东高等教育出版社，2011.

[10] 董玉河，何忠诚，林志强．大学生就业创业职业发展指导 [M]．天津：南开大学出版社，2013.

[11] 杜映梅．职业生涯管理 [M]．北京：中国发展出版社，2006.

[12] 方伟．大学生生涯规划咨询案例教程 [M]．北京：北京大学出版社，2008.

[13] 国秀琴，周旺东，钟利琼．大学生职业生涯规划：规划人生　成就梦想 [M]．天津：南开大学出版社，2015.

[14] 黄晞建，夏伯平．大学生职业生涯规划训练教程 [M]．北京：现代教育出版社，2010.

[15] 焦金雷．大学生职业生涯与发展规划 [M]．西安：西安交通大学出版社，

2014.

[16] 林秋贵.大学生职业生涯规划与就业指导 [M].天津：南开大学出版社，
2015.

[17] 马瑞芹，闫瑞明，章春军.大学生职业规划与就业创业指导 [M].长春：
吉林大学出版社，2014.

[18] 潘旭阳，袁龙，初冬青.大学生职业生涯发展素质训练 [M].天津：南开
大学出版社，2014.

[19] 龚安华，孙岳玲，田歌亮，等.职业生涯规划视域下大学生创新能力培
养途径探析 [J].佳木斯职业学院学报，2016（10）：8-9.

[20] 陈伟.论创业教育与大学生职业生涯规划教育的有效融合 [J].中国校外
教育，2016（30）：152-156.

[21] 王平，韩菡，尹昌美，等.大学生职业生涯规划与创新创业能力提升探析[J].
山东青年政治学院学报，2016（1）：56-60.

[22] 董旖旎，徐阳.高校创业教育生态发展体系的构建 [J].中国大学生就业，
2013（2）：42-46.

[23] 明伟，李姝.高职院校职业生涯规划课程体系构建探讨 [J].重庆电子工
程职业学院学报.2012（2）：15-17.

[24] 刘甜甜，张博.大学生职业生涯规划的课程研究与走向分析 [J].黑龙江
高教研究.2013（6）：99-101.

[25] 汪琳.高职院校职业生涯规划教育研究现状综述 [J].江西教育学院学报：
社会科学，2013（2）：53.

[26] 姜海燕.基于职业生涯规划教育依托对高校创业教育模式的再认识 [J].
高等农业教育，2010（12）：11.